Correndo pela Excelência

Armando Neutel

Revisado por Adriana Neutel

1ª Edição
São Paulo
2016

II

Conteúdo

Introdução	1
2 A Bíblia	**7**
2.1 Velho Testamento	7
2.2 Novo Testamento	8
2.3 O Aparecimento da Bíblia	9
3 Como Estudar a Bíblia	**13**
3.1 Dicas Práticas para o Estudo	16
4 O Único Deus	**17**
4.1 Como Deus É	17
4.2 Características de Deus	19
4.2.1 Deus é Eterno	20
4.2.2 Deus é Onisciente	20
4.2.3 Deus é Onipresente	20
4.2.4 Deus é Onipotente	21
4.2.5 Deus é Único	21
4.2.6 Deus é o Criador	22
4.2.7 Deus é Bom	23
4.2.8 Deus é Imutável	24
4.2.9 Deus é Santo	25
4.2.10 Deus é Justo	25
4.2.11 Deus é Amor	25
4.3 A Trindade de Deus	26

CONTEÚDO

5 O Homem — 27
   5.1 A Criação do Homem 27
   5.2 A Natureza do Homem 28

6 Reconhecer o Pecado — 29
   6.1 O que é Pecado? 29
      6.1.1 Imperfeição 30
      6.1.2 Desobediência 30
      6.1.3 Intenções Malígnas 31
      6.1.4 Conhecer o Bem e não fazer 31
      6.1.5 Resumo sobre o Pecado 32

7 Ter Fé em Jesus Cristo — 33
   7.1 A Vida e Ministério de Jesus Cristo ... 36

8 Crer no Yom Kippur — 39
   8.1 O Único que é Digno 40

9 O Poder da Fé — 43
   9.1 Como a Fé Vem 43
   9.2 O que é Fé 45
   9.3 Onde devemos focar a nossa Fé 45

10 A Esperança — 49

11 O Poder do Amor — 51

12 Como Orar — 55
   12.1 Dicas Práticas sobre Oração 55
   12.2 O que constitui a Oração 56
   12.3 Tipos de Oração 57
      12.3.1 Oração da Fé por si Mesmo 58
      12.3.2 Oração de Consagração e Dedicação a Deus ... 62
      12.3.3 Oração no Espírito 65
      12.3.4 Oração de Concordância 67
      12.3.5 Oração de Intercessão 68

    12.3.6 Oração de Entrega dos Problemas a Deus 72
    12.3.7 Ação de Graças, Louvor, Adoração e Sacrifício de Louvor 73
    12.3.8 Oração de Argumentação com Deus 75

13 Como Testemunhar   **77**

14 A Redenção   **81**

15 Nascer de novo   **85**
    15.1 O que acontece quando nascemos de Novo 86
    15.2 Uma Nova Vida Espiritual 86

16 Como saber que estamos Salvos   **89**

17 Passos para a Salvação   **93**

18 A Graça de Deus   **95**

19 De quem é a autoridade?   **107**

20 Foque o seu Coração   **115**
    20.1 Renovai a vossa Mente 123
    20.2 Resistir a Satanás 123
    20.3 Não permitir que a sua Mente (Seus Pensamentos) saiam do Objetivo 125
    20.4 Como vencer o Maligno 127
    20.5 O Que Jesus fazia com Poder (Focado no Objetivo) ... 135
    20.6 Jesus nos manda permanecer Focados 138
    20.7 O Segredo da Vitória está no nosso Testemunho 139

21 O Espírito Santo   **141**
    21.1 Personalidade do Espírito 141
        21.1.1 Comprovada por suas Características 141
        21.1.2 Comprovada por suas Obras 141
        21.1.3 Comprovada pelo que Lhe é atribuído 142
        21.1.4 Comprovada por uma gramática incomum 142

21.2 A Divindade do Espírito 143
    21.2.1 Comprovada pelos seus Nomes 143
    21.2.2 Comprovada por suas Características 143
    21.2.3 Comprovada por suas Obras 143
    21.2.4 Comprovada por Sua Associação com a Trindade 144
21.3 A Procedência do Espírito 144
21.4 Tipos de Ilustrações do Espírito 145
21.5 Obras do Espírito no Antigo Testamento 145
    21.5.1 Na Criação 145
    21.5.2 No Homem 146
21.6 A Obra do Espírito na Revelação e Inspiração 146
    21.6.1 Definições 146
    21.6.2 O Autor da Revelação é O Espírito Santo: ... 147
    21.6.3 Os Meios da Revelação: 147
    21.6.4 O Autor da Inspiração é O Espírito Santo: ... 147
21.7 A Obra do Espírito Santo na Vida de Cristo: 148
    21.7.1 Em seu Nascimento Virginal: 148
    21.7.2 Em sua Vida: 148
    21.7.3 Em sua Morte: 148
    21.7.4 Em sua Ressureição: 149
21.8 A Obra do Espírito Santo na Salvação: 149
    21.8.1 Convencimento 149
    21.8.2 Regeneração 149
    21.8.3 Habitação: 150
21.9 Os Dons do Espírito Santo 151
21.10 A Plenitude do Espírito 151
    21.10.1 Exemplos do Poder do Espírito Santo 152

22 Batismos   157
22.1 Batismo nas Águas 158
    22.1.1 Qual o significado do Batismo nas Águas 159
    22.1.2 Devemos Batizar Bebês? 160
    22.1.3 O Batismo Salva? 160
    22.1.4 Nascer de Novo 160
    22.1.5 O que é Preciso para Nascer de Novo 161

22.2 Batismo no Espírito Santo e com Fogo 162

23 Somos Mordomos de Deus   **163**
23.1 Tudo Pertence a Deus 164
23.2 Somos Administradores de Deus 166
23.3 Como podemos por esta mensagem em prática 168
23.4 O bom mordomo anda em Amor 170
23.5 O bom mordomo administra bem as riquezas 171
23.6 Como juntar tesouros no Céu? 173
23.7 Existem 5 formas de ajuntar tesouros no céu 173

24 Santificação   **177**

25 Evangelismo, a Esperança da Glória   **181**

CONTEÚDO

Prefácio

Fiquei honrado em receber o convite para escrever o prefácio deste livro.

O Armando teve um papel fundamental na minha vida ministerial, ajudando-me a compreender, a viver e a ensinar sobre o Reino de Deus. Descobri a grandeza do Evangelho do nosso Senhor Jesus Cristo através dos seus ensinamentos e, como sempre dizemos, aprendi a viver Deus "fora da caixa". Nossas histórias se cruzaram quando ainda vivíamos distantes, eu no Brasil e ele em Portugal. Fomos aproximados por um amigo em comum para desenvolvermos um projeto de televisão com o objetivo de propagar a Palavra de Deus. Nossa conexão veio pelos corações evangelistas que amam Jesus Cristo e Sua obra redentora; duas pessoas determinadas a salvar almas para o Reino de Deus. O Armando é uma referência para mim, um homem que inspira FÉ e que nunca desiste dos seus sonhos.

Este livro é uma ferramenta fantástica para quem deseja mergulhar e se aprofundar nas doutrinas do Reino de Deus. Uma obra de fácil compreensão e que fixa a atenção pelo extraordinário e revelador conteúdo. Josué 1.8 - Não cesses de falar deste Livro da Lei; antes, medita nele dia e noite, para que tenhas cuidado de fazer segundo tudo quanto nele está escrito; então farás prosperar o teu caminho e serás bem sucedido. Neste versículo, Deus deixa o caminho para a prosperidade do Seu povo: conhecer e prosseguir em conhecer a Sua Palavra. Oro para que este livro, através do Espírito Santo, possa trazer revelações extraordinárias para sua caminhada cristã. Oro para Deus que conserve meu querido amigo e irmão Armando e que Ele continue inspirando este evangelista a ensinar e a pregar sobre o Reino de Deus.

E que todos os frutos desta obra sejam para o engrandecimento, a honra e a glória do Altíssimo.

Pastor Luciano Rocha

Introdução

Este livro foi escrito pensando em todos os novos irmãos que tiveram um encontro com Jesus Cristo e desejam ardentemente conhecer o Senhor de perto, como também em todos os irmãos que, por uma ou outra razão, se tornaram filhos pródigos de Deus e desejam voltar ao primeiro amor e às primeiras obras, colocando todo o seu potencial ao serviço de Jesus Cristo.

Quando era menino e corria atletismo, meu pai dizia-me as sábias palavras: "para se ganhar corridas tem que se treinar mais que todos os outros". Existe uma outra expressão que se fala no meio dos atletas que diz o seguinte: "não é ganhar a maratona que custa, o que custa é treinar para ganhá-la".

Na Escola Naval, aprendi algumas importantes lições deste gênero, pois nas Forças Armadas se treina consistentemente para que, talvez um dia, quando a guerra tenha que ser travada, tudo terá de estar pronto para a batalha. Porque guerra não escolhe hora nem dia e uma nação não pode menosprezar o treino das suas Forças Armadas. Da mesma forma, o membro do Reino dos Céus não pode menosprezar o seu treinamento espiritual diário.

Ao pensar nestas frases, podemos lembrar das palavras de Paulo, quando compara a sua vida também à de um atleta e de um combatente:

INTRODUÇÃO

1 Coríntios 9.24-27 *Não sabeis vós que os que correm no estádio, todos, na verdade, correm, mas um só leva o prêmio? Correi de tal maneira que o alcanceis. 25 E todo aquele que luta de tudo se abstém; eles o fazem para alcançar uma coroa corruptível, nós, porém, uma incorruptível. 26 Pois eu assim corro, não como a coisa incerta; assim combato, não como batendo no ar. 27 Antes, subjugo o meu corpo e o reduzo à servidão, para que, pregando aos outros, eu mesmo não venha de alguma maneira a ficar reprovado*

E se a guerra for contra a sua alma? Como você se treina para resistir no dia mau? O que Paulo queria dizer nesta passagem? O que me inspira nesta passagem é que Paulo esclarece como temos que nos preparar para vencermos este mundo. Ele diz "subjugo o meu corpo e o reduzo à servidão", subjuga seu corpo a quê e faz o seu corpo servo de quem?

Para responder a esta pergunta veremos o que está escrito em Romanos 7.14-25, onde também Paulo falava que seu espírito tinha prazer nas coisas de Deus, ou seja, estudar, meditar na Palavra de Deus, orar e praticar a Palavra. No entanto, sua carne fazia o oposto e ele se encontrava, muitas vezes, fazendo o mal e não o bem. Ele via duas leis operando no seu ser. Você vê aqui algo semelhante ao que acontece consigo? Você quer fazer o bem e não consegue, e muitas vezes encontra estas duas leis lutando dentro de si?

Em Eclesiastes 12.12 lemos o seguinte: *...não há limite para fazer livros, e o muito estudar enfado é da carne.*

É uma luta contra o seu eu carnal. A carne não gosta de estudar, ela é preguiçosa, ela nos afasta do conhecimento de Deus. Vejamos:

Gálatas 6.8-10 *Porque o que semeia na sua carne da carne ceifará a corrupção; mas o que semeia no Espírito do Espírito ceifará a vida eterna. 9 E não nos cansemos de fazer o bem, porque a seu tempo ceifaremos, se não houvermos desfalecido. 10 Então, enquanto temos tempo, façamos o bem a todos, mas principalmente aos domésticos da* *fé.*

Por isso escrevi este livro, principalmente para aos novos na Fé em Cristo Jesus. Para que se tornem fortes e cheios de poder espiritual. Este livro irá guiar você por várias áreas com o objetivo de lhe tornar num atleta e combatente poderoso no mundo do espírito.

Muitas pessoas pagam a *personal trainers* para ficarem com o corpo atlético, e isso é bom, mas não se aproveita nada para o mundo espiritual. Esta obra foi elaborada para ser seu *personal trainer* espiritual, ela sempre nutrirá você de abdominais, flexões e corridas espirituais, para que fique em boa forma espiritual e possa servir ao Deus vivo. Vejamos a seguinte passagem Bíblica:

Romanos 8.5-11 *PORQUE OS QUE SÃO SEGUNDO A CARNE INCLINAM-SE PARA AS COISAS DA CARNE; MAS OS QUE SÃO SEGUNDO O ESPÍRITO, PARA AS COISAS DO ESPÍRITO. 6 Porque a inclinação da carne é morte; MAS A INCLINAÇÃO DO ESPÍRITO É VIDA E PAZ. 7 Porquanto a inclinação da carne é inimizade contra Deus, pois não é sujeita à lei de Deus, nem, em verdade, o pode ser. 8 Portanto, os que estão na carne não podem agradar a Deus. 9 Vós, porém, não estais na carne, mas no Espírito, se é que o Espírito de Deus habita em vós. Mas, se alguém não tem o Espírito de Cristo, esse tal não é dele. 10 E, se Cristo está em vós, o corpo, na verdade, está morto por causa do pecado, MAS O ESPÍRITO VIVE POR CAUSA DA JUSTIÇA. 11 E, se o Espírito daquele que dos mortos ressuscitou a Jesus habita em vós, aquele que dos mortos ressuscitou a Cristo também vivificará o vosso corpo mortal, pelo seu Espírito que em vós habita.*

Ao longo dos anos entendi que ser forte espiritualmente esta intimamente relacionado com os atletas e combatentes que treinam todos os dias e se abstêm de coisas que os desfocam e não os fortalece em nada, mas que para cidadãos comuns são coisas normais. Dessa forma, eles têm uma vida regrada, com o objetivo de se tornarem mais fortes e serem vitoriosos acima de seus adversários.

INTRODUÇÃO

Como no atletismo, o novo Cristão ou o filho pródigo que retornou a casa deve entender que iniciou uma corrida. Por isso, ele precisa treinar e se esforçar diariamente como um atleta para conhecer Jesus Cristo de perto. Porque eu digo de perto, porque se é nosso irmão não o podemos conhecer de longe. Só dizendo bom dia irmão, boa tarde irmão, a Paz irmão, ... Claro que não! Em verdade fomos trazidos para perto de Deus o Pai como pintainhos vão para debaixo das suas asas, para que possamos conhecê-Lo face a face:

Efésios 2.10 *Mas, agora, em Cristo Jesus, vós, que antes estáveis longe, já pelo sangue de Cristo chegastes perto.*

Oséias 2.14 *Portanto, eis que eu a atrairei, e a levarei para o deserto, e lhe falarei ao coração.*

Em que se baseia então esse treino, para conhecermos o Senhor de perto? Baseia-se no seguinte: em meditar na palavra de Deus em nossa mente diariamente e, pouco e pouco descerá ao nosso espírito (Coração) e então começaremos a experimentar o Poder de Cristo em nossos membros mortais. Essa prática tem de ser mais importante que qualquer coisa na sua vida, porque sua vida Eterna depende dela. Ao fazer isto você demonstra a Deus que o ama acima de todas as coisas e que deseja profundamente fazer a Sua vontade aqui na Terra como é feita no Céu. Deus o vai atrair a Si mesmo e falar ao seu coração à medida que você for lendo este livro.

Por esse motivo, este livro pretende equipar você de toda a "armadura e equipamento" possível para que você se torne um Vencedor espiritual. Você está disposto a começar o treinamento? Lembre-se que um campeão nunca desiste nem mesmo admite tal pensamento em sua mente. Ele está determinado a ganhar custe o que custar.

Da mesma forma, eu encorajo você a não desistir de vencer este mundo, porque sua vida eterna depende da sua determinação em se chegar a Deus através do único caminho que é Jesus. Se sua vida dependesse de não comer gordura, você a comeria? Se sua vida dependesse de você praticar esporte, você não praticaria? Se sua vida dependesse de um comprimido que só existia num país do outro lado do mundo, você não ia atrás? E se sua vida eterna dependesse de manter seu espirito treinado, para não cair nas astutas ciladas do diabo você não se instruiria mais na Palavra de Deus? Pois é isso mesmo sua vida eterna, sua saúde, sua paz, sua alegria,... com Deus depende do seu conhecimento e do quanto você aplica e pratica a Palavra de Deus no seu dia-a-dia. A Palavra de Deus o levará a um relacionamento espiritual com Deus profundo através da revelação pelo Espírito Santo. Esforça-te e e tem bom ânimo porque o Senhor Teu Deus é contigo!

INTRODUÇÃO

Capítulo 2

A Bíblia

O Velho Testamento (escrito antes do nascimento de Jesus), é composto por 39 livros, começando em Gênesis e terminando com o livro de Malaquias.

O Novo Testamento (escrito pelos discípulos de Jesus e outros homens de Deus no 1º século depois de Cristo), é composto por 27 livros começando com o Evangelho de Mateus, e terminando com o livro de Apocalipse.

2.1 Velho Testamento

Gênesis é o 1º livro da Bíblia, no Velho Testamento. Fala-nos da criação do mundo e do homem; da queda espiritual do homem por causa do pecado; do dilúvio que destruiu toda a humanidade, excepto Noé e sua família; da história inicial do povo de Israel.

De Êxodo a Ester, é relatada a história de Israel até aproximadamente ao ano 400 a.C.

Os livros de Jó, Salmos, Provérbios, Eclesiastes e Cantares são livros literários escritos principalmente em poesia, discursos e dramas.

Isaías a Malaquias são os livros proféticos, que relatam a vida desses homens e mulheres de Deus, predizendo acontecimentos futuros.

2.2 Novo Testamento

Os livros de Mateus, Marcos, Lucas e João, os primeiros quatro livros do Novo Testamento, são os Evangelhos. A palavra Evangelho quer dizer Boas Novas, Mensagem Alegre ou Boa Mensagem. Os Evangelhos têm como principal objetivo demonstrar a Graça de Deus que se manifestou em carne pelo Seu Filho Jesus Cristo, ou seja, Sua morte e ressurreição que para nós traz Libertação, Alegria, Gozo, Paz, Temperança, Domínio Próprio e Salvação.

O tema central dos Evangelhos é a vida de Jesus Cristo, desde os Seus antecedentes familiares, ao Seu nascimento, à Sua infância. A maior parte dos Evangelhos é dedicada aos ensinamentos de Jesus, durante os 3 anos de Seu ministério na Terra. Relatam os milagres que Jesus fez, como foi perseguido, preso, pregado na Cruz. Relatam a Sua morte, a Sua ressurreição e a Sua ascensão aos céus. Falam ainda na promessa extraordinária da Segunda Vinda de Jesus.

O livro de Atos dos Apóstolos, relata o trabalho Evangelístico dos discípulos de Jesus. Narra o nascimento e crescimento da Igreja Cristã no séc.I. A personagem principal até ao capítulo 12 é o Apóstolo Pedro. A partir da última parte do capítulo 12, fala-nos de Paulo, o Apóstolo escolhido para pregar entre os gentios (pessoas que não pertenciam à nação Judaica).

Os livros de Romanos a Judas denominam-se as Epístolas, que totalizam 21 livros. Foram escritos a várias igrejas, a diversos Judeus Cristãos em várias partes do mundo. Estes Livros foram escritos por

Paulo, Pedro, João, entre outros. Os temas descritos retratam aspectos doutrinários e práticos da vida Cristã. Fornecem-nos explicações claras e essenciais acerca da fé. Estes livros servem para nosso ensino e conhecimento do Deus Vivo, nos mostrando como proceder sabiamente em cada aspeto de nossa vida.

O livro das revelações ou Apocalipse nos fala sobre as coisas que estão por acontecer, e de outro mundo que virá depois deste. Profetiza o grande julgamento, como transição entre o mundo atual e o novo Reino de Deus.

2.3 O Aparecimento da Bíblia

A Bíblia foi escrita por 36 pessoas, aproximadamente, durante um período de 1600 anos. Na verdade, a Bíblia não foi escrita por homens, pois nela está escrito:

2 Timóteo 3.16 *Toda a escritura é inspirada por Deus.*

A Palavra de Deus tem uma caraterística especial, assim como está escrito em:

Hebreus 4.12 *Porque a palavra de Deus é viva, e eficaz, e mais penetrante do que qualquer espada de dois gumes, e penetra até à divisão da alma, e do espírito, e das juntas e medulas, e é apta para discernir os pensamentos e intenções do coração.*

Também está escrito que a Palavra de Deus é o próprio Deus, vejamos:

João 1.1 *No princípio, era o Verbo* (Palavra), *e o Verbo estava com Deus, e o Verbo era Deus.*

Então, o mistério que antes era oculto, agora está claro. A Pa-

CAPÍTULO 2. A BÍBLIA

lavra de Deus, a Bíblia, é o próprio Deus. Isto é, quando observamos a Palavra de Deus, a estudamos, cremos nela e a praticamos, Jesus manifesta Seu Poder em nós e, assim, comprovamos que Ele é real e verdadeiro. Como está escrito:

João 14.23 *Jesus respondeu e disse- lhe: Se alguém me ama, guardará a minha palavra, e meu Pai o amará, e viremos para ele e faremos nele morada.*

Dessa forma podemos sempre recorrer a Bíblia para saber o que Deus pensa, sente e age sobre determinado assunto.

Como vimos atrás, as mãos dos homens escreveram os Livros da Bíblia, mas o espírito desses homens foi inspirado pelo Espírito Santo de Deus. Logo, o autor da Bíblia é o próprio Deus.

Uma coisa que cada Cristão deve guardar é que apenas a Bíblia é a Palavra de Deus revelada ao homem. Nela está escrita a vontade de Deus para a Humanidade. Só a Palavra de Deus contém ensinamentos que nos levam a uma vida ética, moral e social bem sucedida. Cada Cristão deve ser guiado pelas palavras do Livro. Este conselho é exatamente o mesmo que Moisés deu a Josué antes de subir para o Senhor:

Josué 1.8,9 *Não se aparte da tua boca o livro desta Lei; antes, medita nele dia e noite, para que tenhas cuidado de fazer conforme tudo quanto nele está escrito; porque, então, farás prosperar o teu caminho e, então, prudentemente te conduzirás. 9 Não to mandei eu? Esforça-te e tem bom ânimo; não pasmes, nem te espantes, porque o SENHOR, teu Deus, é contigo, por onde quer que andares.*

As vitórias para todas as lutas, o sucesso para todo o sofrimento e a explicação para todas as dúvidas da Humanidade residem neste livro, A Bíblia. Mas, atenção! Se procura como ser rico, famoso e ganhar poder, esqueça! Na Bíblia encontramos algo muito mais excelente:

CAPÍTULO 2. A BÍBLIA

Mateus 6.33,34 *Mas buscai primeiro o Reino de Deus, e a sua justiça, e todas essas coisas vos serão acrescentadas. 34 Não vos inquieteis, pois, pelo dia de amanhã, porque o dia de amanhã cuidará de si mesmo. Basta a cada dia o seu mal.*

O assunto central da Bíblia é Jesus Cristo. No Velho Testamento, é evidente o anúncio da vinda do Messias como Homem. No Novo Testamento, nos é relatada a Sua Vida e a promessa da Sua Segunda Vinda. Quando se aprofundar nas escrituras, entenderá que o centro de toda a Bíblia é a pessoa de Jesus Cristo. Ele não é um profeta apenas, Ele é a expressão máxima de Deus para nós homens. Jesus é o próprio Deus, nada mais nem menos que isso.

Capítulo 2. A Bíblia

Capítulo 3

Como Estudar a Bíblia

Leia a Bíblia diariamente. Ela é o seu alimento espiritual. Assim como você toma o café da manhã, almoça e janta para se manter forte fisicamente, também precisa alimentar-se diariamente da Palavra de Deus.

O princípio é este: se você deixar de comer você enfraquece e pode até correr risco de vida, da mesma forma, se você não se alimentar da Palavra de Deus, sua fé enfraquece, você vacila e isso irá afetar o seu amor e esperança.

Quando se deve ler a Bíblia? Aconselho você a ler a Bíblia de manhã, porque nessa hora a sua mente está fresca, descansada e pronta. Leia no mínimo um capítulo por dia, medite sobre o que leu e ore sobre o assunto. A sugestão é começar pelo Novo Testamento, pela seguinte ordem:

- Evangelho de S. Marcos
- Evangelho de S. João

CAPÍTULO 3. COMO ESTUDAR A BÍBLIA

- Atos dos Apóstolos
- Romanos
- 1 Coríntios
- Gálatas
- Evangelho de S. Lucas e 2 Coríntios
- Efésios, Filipenses, Tito
- Colossenses e 1 de João
- Evangelho de S. Mateus e Tiago
- 1 e 2 de Tessalonicenses
- 1 e 2 de Timóteo
- 1 e 2 de Pedro
- Hebreus
- Judas, Filemon, 2 e 3 de João
- Apocalipse

A leitura do Novo Testamento poderá levar de 6 a 12 meses, dependendo de quantos capítulos você consegue ler. Depois, quando terminar, poderá preparar um outro plano de leitura para revisitar os conceitos que aprendeu.

A leitura da Bíblia pela primeira vez pode ser cansativa, mas seja paciente e entenda os termos e expressões que a Bíblia usa. No final, você vai ficar grato por ter aprendido bastante.

A Bíblia não é um romance ou um dicionário, ela é o próprio Deus. Sugiro que quando ler a Bíblia o faça com reverência e em espírito

CAPÍTULO 3. COMO ESTUDAR A BÍBLIA

de oração para receber tudo o que ela promete. Ela tem o poder de transformar a sua vida através da compreensão e entendimento das palavras que nela estão escritas.

Através das escrituras você conhecerá Jesus de perto e não de longe e, para seguirmos a Jesus, temos que O conhecer.

Você poderá começar por orar a Deus pedindo sabedoria espiritual para entender e saber viver aquilo que lê. Deus responde sempre às suas orações e pedidos. Ao terminar, faça um pequeno resumo do que leu em sua mente e medite nisto até que desça em seu coração e produza fruto.

Leia a Bíblia vez após vez, porque você já sabe que fé vem por ouvir e ouvir a Palavra de Deus, e algumas escrituras não se compreendem logo da primeira vez que são lidas.

Às vezes, lemos várias vezes as mesmas passagens e não compreendemos. Podemos até achar confusas, talvez até possam ser difíceis de por em prática, no entanto, em determinado dia, aquela palavra se faz luz e tudo fica claro como sol ao meio dia.

Por exemplo, Deus manda nós orarmos e perdoarmos quem nos maltrata, no entanto, você fala que não consegue fazer isso. Mas, certo dia, algo chato acontece no seu relacionamento com uma pessoa e você vai ter que tratar com ela do jeito que Deus lhe ensinou, a fim de vencer essa situação. Como você já conhece a Palavra e medita nela constantemente, vai saber que tem que aplicar o princípio do perdão naquela hora e verá as circunstâncias de maneira diferente. Entendeu como funciona?

CAPÍTULO 3. COMO ESTUDAR A BÍBLIA

3.1 Dicas Práticas para o Estudo

- Utilize marcadores ou lápis colorido para destacar as passagens que você mais gostou e precisa aplicar na sua vida.

- Anote também os versículos que não entendeu e procure alguém que o possa esclarecer.

- Use um caderno onde possa fazer suas anotações e escrever suas conclusões e também seus estudos.

- O Velho Testamento deve ser lido após você já ter um bom entendimento do Novo Testamento. De preferência, tenha sempre alguém que possa esclarecer quando você tiver dúvidas. (Ex.: pastor, líder, etc.)

Capítulo 4

O Único Deus

4.1 Como Deus É

O Homem sempre tem dificuldade de entender o que não vê. Muitas vezes, usamos o princípio de ver para crer. Esse princípio afasta o Homem do conhecimento do Deus Único e Invisível. Deus criou tudo o que vemos hoje, toda a criação é obra de Suas mãos:

Salmos 19.1 *Os céus manifestam a glória de Deus e o firmamento anuncia a obra de suas mãos.*

Paulo, na sua carta aos Colossenses, ao falar de Jesus, o descreve da seguinte forma:

Colossenses 1.15 *o qual (Jesus) é imagem do Deus invisível, o primogênito de toda a criação.*

Paulo descreve não só Jesus, como a personificação real de Deus, mas também afirma que Deus é invisível. Por isso, para crer em Deus,

CAPÍTULO 4. O ÚNICO DEUS

precisamos crer primeiro para depois ver os efeitos de nossa fé aplicada nas promessas de Deus.

Deus é invisível porque Ele é um Espírito:

João 4.24 *Deus é Espírito, e importa que os que o adoram o adorem em espírito e em verdade.*

Deus não é só invisível, mas Ele também tem outro atributo:

Colossenses 1.17 *E ele é antes de todas as coisas, e todas as coisas subsistem por ele.*

Deus é eterno, sempre existiu, suporta e mantém nosso universo. Os cientistas descobriram que o nosso universo ainda hoje está em expansão, ou seja, ainda hoje o nosso Deus está criando e expandindo Seu trabalho, como descrito na Sua Palavra.

Ele não está limitado às leis da física que conhecemos. Ele não está limitado em termos de espaço ou tempo. A Ciência já descobriu que nenhum corpo pode viajar à velocidade da luz ou mesmo ultrapassar essa velocidade. Mesmo que um corpo viajasse a essa velocidade, ele se transformaria em energia. Essas são leis físicas.

Deus não tem corpo, Ele é um Espírito e criou essas leis físicas quando criou o Universo. Ele não está limitado a elas e também nunca as muda. Por esse motivo, podemos esperar d'Ele o impossível e, então, entramos num outro conceito e atributo de Deus, Sua onipotência:

Mateus 28.18 *...É me dado todo o poder no céu e na terra.*

Esta afirmação de Jesus descreve que esse poder é total, tanto no céu como na terra.

Lucas 2.37 *Porque para Deus nada é impossível.*

Sendo Ele Todo Poderoso, podemos esperar d'Ele obras que o

Homem jamais poderia operar.

Um outro atributo de Deus é que Ele é uma pessoa. O nosso Deus conhece, sente e demonstra vontade própria. Compreende os nossos sentimentos, conhece o nosso pensar e quer a nossa fidelidade. Deus criou o Homem para ter um amigo.

A partir de hoje, relacione-se com Deus e seja amigo d'Ele de todo o seu coração. Isso é o que Deus mais deseja. Um dia, quando Jesus estava ensinando, disse-lhe um escriba:

Marcos 12.32-34 *Muito bem, Mestre, e com verdade disseste que há um só Deus e que não há outro além d'Ele; e que amá-lo de todo o coração, e de todo o entendimento, e de toda a alma, e de todas as forças e amar o próximo como a si mesmo é mais do que todos os holocaustos e sacrifícios. E Jesus, vendo que havia respondido sabiamente, disse-lhe: Não estás longe do Reino de Deus. E já ninguém ousava perguntar-lhe mais nada.*

Certa vez, interrogado por Pilatos acerca de Seu Reino, Jesus respondeu o seguinte:

João 18.36-37 *O meu Reino não é deste mundo; se o meu Reino fosse deste mundo, lutariam os meus servos, para que eu não fosse entregue aos judeus; mas, agora, o meu Reino não é daqui.*

À medida que você aprende sobre Jesus, você se aproxima do Reino de Deus e do próprio Deus, que é invisível, mas REAL!

4.2 Características de Deus

Além das características que vimos anteriormente, Deus tem muito mais atributos que vamos passar a descrever neste texto. Devemos ter em mente que estas são só algumas das inúmeras características que

Ele tem.

4.2.1 Deus é Eterno

Salmo 90.2 *Antes que os montes nascessem, ou que tu formasses a terra e o mundo, sim, de eternidade a eternidade, tu és Deus.*

Como já vimos, tempo não é limitação para Deus, Ele nunca nasceu, Ele é, sempre será e cumprirá os Seus desígnios.

4.2.2 Deus é Onisciente

Provérbios 15.3 *Os olhos do Senhor estão em todo o lugar, contemplando os maus e os bons.*

Qualquer que se aproxime a Deus deve saber que nada está oculto aos Seus olhos. Deus sabe tudo e nos conhece melhor do que nós mesmos, até o que está no nosso coração, coisas que, muitas vezes, nós próprios desconhecemos.

No entanto, à medida que caminhamos com Ele, Deus nos revela o que tem que ser transformado e mudado em nós, para que a cada dia que passa sejamos mais parecidos com Ele. Assim, vamos nos aperfeiçoando através do conhecimento e revelação da Sua Onisciência.

4.2.3 Deus é Onipresente

Jeremias 23.24 *Esconder-se-ia alguém em esconderijos, de modo que eu não o veja? Porventura não encho eu os céus e a terra?*

Aqui vemos que Deus está em todo o lugar simultaneamente. E este é um atributo que só Ele tem.

4.2.4 Deus é Onipotente

Lucas 2.37 *Porque para Deus nada é impossível.*

Podemos esperar milagres de Deus porque para Ele nada é impossível. Por isso, nos podemos achegar a Ele com confiança, pois Ele é fiel às Suas Palavras. O que Ele fala Ele cumpre, mesmo que aos nossos olhos pareça impossível.

O mesmo não poderemos dizer dos Homens. Esta é uma das grandes diferenças entre Deus e os Homens. Apesar do Homem ter sido feito à Sua imagem e semelhança, ele não consegue fazer tudo, mas Deus pode. Apesar disso, quando estamos n'Ele e Ele em nós, poderemos então afirmar:

Filipenses 4.13 *Posso todas as coisas naquele que me fortalece.*

Nós com Ele somos pessoas diferentes, pensamos diferente, agimos diferente e podemos muito mais. O que antes era uma montanha derreterá na presença de Deus que em nós habita.

Salmos 97.5,6 *Os montes se derretem como cera na presença do SENHOR, na presença do Senhor de toda a terra. Os céus anunciam a sua justiça, e todos os povos veem a sua glória.*

4.2.5 Deus é Único

Deuteronômio 6.4 *...nosso Deus, é o único SENHOR*

Temos que entender o princípio: de que existem muitos espíritos, tais como: anjos, demônios, arcanjos, príncipes das trevas, potestades, etc. No entanto, nenhum desses espíritos é Deus. Só Existe um Deus Criador dos céus e da terra e de tudo quanto neles há, incluindo os espíritos.

CAPÍTULO 4. O ÚNICO DEUS 22

O importante aqui é entender que Deus é único e tudo o que Ele tem para nos dar é bom. n'Ele não existem sombras e como Ele não existe nenhum outro, tão poderoso, tão glorioso, bom e amoroso. Ele é único e nos ama.

4.2.6 Deus é o Criador

Deus criou tudo o que existe hoje, o que conhecemos e o que não conhecemos. Ele é o autor da Criação. Ao dizer isto, muitos podem questionar que talvez Deus tenha criado o mal também. Normalmente, conto uma história que esclarece este ponto.

Esta história se passa numa sala de aula onde o Professor propõe o seguinte:

Professor: - Eu vou provar para vocês que se Deus existe, Ele é mau. Deus criou tudo o que existe? Se Deus criou tudo, então Ele criou o mal. O que significa que Deus é mau.

Um aluno, entretanto, se levantou e disse: - Com licença, professor. O frio existe?

Professor: - Que pergunta é essa? Claro que existe. Você nunca sentiu frio?

Aluno: - Na verdade, o frio não existe. De acordo com as leis da física, o que nós consideramos frio é na realidade ausência de calor. Eu pergunto professor, as trevas (a escuridão) existem?

Professor: - Claro que existem!

Aluno: - Você está errado de novo, professor. A escuridão também não existe. A escuridão é ausência de luz. A luz nós podemos estudar, mas a escuridão não. Da mesma forma, o mal não existe, é a mesma coisa que a escuridão e o frio. Deus não criou o mal. O mal é o resultado do que acontece quando o Homem não tem o amor de Deus presente em seu coração.

Tudo o que Deus criou é bom, não tem defeito algum. O que fazemos com o que Ele criou é o que importa, tanto pode ser o bem como o mal.

Vejamos o que a Bíblia diz sobre a Criação:

Gênesis 1.31; Gênesis 2.1 *E viu Deus tudo quanto tinha feito, e eis que era muito bom; e foi a tarde e a manhã: o dia sexto. Assim, os céus, e a terra, e todo o seu exército foram acabados.*

Deus viu que tudo quanto criara era bom. Por esse motivo, tudo o que Ele cria hoje continua a ser bom. Tudo o que podemos esperar de um Criador Bom são boas coisas e nada mais.

4.2.7 Deus é Bom

Lucas 18.19 *Ninguém há bom, senão um, que é Deus.*

A maioria das pessoas pensa ser boa aos seus próprios olhos. No entanto, a Bíblia nos ensina que ninguém é perfeito ou bom. O único que é bom é Deus.

Algumas pessoas pensam que pelas suas boas obras elas são boas. Outras pensam que porque dão muito dinheiro a obras sociais e ajudam os pobres elas são boas.

Vejamos o que Deus diz sobre este assunto:

Isaías 64.6 *Mas todos nós somos como o imundo, e todas as nossas justiças, como trapo da imundícia; e todos nós caímos como a folha, e as nossas culpas, como um vento, nos arrebatam.*

CAPÍTULO 4. O ÚNICO DEUS

Hebreus 11.6 *Ora, sem fé é impossível agradar-lhe, porque é necessário que aquele que se aproxima de Deus creia que ele existe e que é galardoador dos que o buscam.*

Jesus um dia, falando sobre como Deus dá boas coisas a seus filhos, disse o seguinte:

Lucas 11.13 *Pois, se vós, sendo maus, sabeis dar boas dádivas aos vossos filhos, quanto mais dará o Pai celestial o Espírito Santo àqueles que lho pedirem.*

Podemos então concluir que precisamos de Deus em nosso coração para que Ele nos faça bons n'Ele. Nós seremos bons, não pelos nossos atos, mas pela graça e Seu perdão. Deus é bom, e grande é a Sua misericórdia para conosco. Precisamos ser lavados nas Suas Palavras e no Seu sangue para sermos verdadeiramente justificados e bons.

4.2.8 Deus é Imutável

Malaquias 3.6 *Porque eu, o SENHOR, não mudo.*

Esta é a afirmação que Deus faz de Si mesmo. Por esse motivo, o que Deus foi, é e será para sempre e isso é imutável. Podemos confiar em Suas Palavras. Se Ele diz que te ama, ama mesmo, se Ele diz que te cura, cura mesmo, se Ele diz que te salva, salva mesmo. O único Deus é poderoso, fiel e bom!

Hebreu 13.8 *Jesus Cristo é o mesmo ontem, e hoje, e eternamente.*

Quem olha para Jesus, olha para Deus:

João 12.44,45 *E Jesus clamou e disse: Quem crê em mim crê não em mim, mas naquele que me enviou. E quem me vê a mim vê aquele que me enviou.*

Deus não muda e Jesus também não, pois são dois num só. Nunca divergem, estão sempre de acordo e possuem os mesmos atributos, sendo um deles a imutabilidade. Podemos confiar que o que disseram ontem, é valido hoje e eternamente.

4.2.9 Deus é Santo

Em Deus não há pecado, maldade, corrupção ou mentira. Deus abomina o pecado, mas ama o pecador. Não existe contradição nenhuma nesta afirmação. Podemos amar nossos filhos de todo o coração, no entanto, podemos não gostar de alguma má atitude ou ação pontual.

Provérbios 15.9-26 *O caminho do ímpio é abominável ao Senhor e abomináveis são para o Senhor os pensamentos do mau.*

4.2.10 Deus é Justo

Deus é imparcial e retos são também os seus juízos.

Salmos 119.137 *Justo és Senhor e retos os teus juízos.*

Isaías 54.17 *Toda ferramenta preparada contra ti não prosperará; e toda língua que se levantar contra ti em juízo, tu a condenarás; esta é a herança dos servos do Senhor e a sua justiça que vem de mim, diz o Senhor.*

Ele nos faz justos também, nos oferecendo Sua justiça.

4.2.11 Deus é Amor

Deus nos ama incondicionalmente e, nós humanos, temos dificuldade em compreender esse tipo de amor. Ele é amor e Ele deseja o melhor para nós. O amor de Deus é puro, sem egoísmo, sem restrições. Nós não merecíamos esse amor, no entanto, Ele decidiu nos amar mesmo assim. O amor de Deus é tão profundo, tal como vemos a seguir:

João 3.16 *Deus amou o mundo de tal maneira, que deu o seu único filho, para que todo aquele que n'Ele crê não pereça, mas tenha vida eterna.*

1 João 4.8 *Aquele que não ama não conhece a Deus, porque Deus é amor.*

4.3 A Trindade de Deus

Há um só Deus! Então por que falar em Trindade? Deus nos é revelado nas escrituras como sendo 3 pessoas:

- Deus o Pai - O Criador e a fonte de toda a vida;

- Deus o Filho - A Palavra de Deus - Deus feito homem - O Cordeiro de Deus - Nosso intercessor

- Deus o Espírito Santo - O poder de Deus - Aquele que gera ou materializa.

Para melhorar o seu entendimento sobre a Trindade, leia:

Mateus 3.16, 17; Mateus 28.19; II Coríntios 13.13

Não existem três Deuses, mas sim, três pessoas distintas numa só, DEUS.

Eles são pessoas que sempre estão em acordo, sempre pensam e agem da mesma forma e sempre sentem e decidem igualmente. Eles são invencíveis em todos os seus intentos, são oniscientes, onipresentes e onipotentes.

Capítulo 5

O Homem

5.1 A Criação do Homem

Discutiremos brevemente qual a origem do Homem. Como sabemos, temos a teoria de Charles Darwin, no entanto, como o próprio nome indica, é apenas uma teoria e não uma verdade. É importante saber o que a Bíblia diz sobre o início da existência do Homem e como Ele foi criado e colocado neste mundo.

O Homem foi criado à imagem e semelhança de Deus. (**Gênesis 1.26-27; Isaías 43.7**)

O Homem tem, portanto, a imagem ou forma de Deus, isto é, se pudéssemos ver Deus, veríamos um Homem como nós, só que com atributos de Deus.

Além disso, o Homem também tem a semelhança, isto é, tem o mesmo tipo de caráter e natureza que Deus tem. Nenhum outro ser tem estas semelhanças com Deus. Deus também deu autoridade ao Homem sobre tudo o que criou. (**Gênesis 1.26**)

5.2 A Natureza do Homem

Deus deu também ao Homem o livre arbítrio, que se traduz na liberdade de fazer suas próprias escolhas de maneira autônoma.(**Gênesis 3.1,24**)

Ao ser tentado por satanás no Éden, o Homem escolheu pecar ou desobedecer à Palavra que Deus lhe tinha dado. Assim, o fruto desse pecado foi a morte.

A raiz da palavra morte significa separação. Por isso, o pecado gerou a separação entre Deus e o Homem. Logo, o Homem sem Deus está morto devido aos seus pecados. Todos nós nascemos no pecado e possuímos uma natureza de desobediência.

Romanos 5.12 *Pelo que, como por um homem entrou o pecado no mundo, e pelo pecado, a morte, assim também a morte passou a todos os homens, por isso que todos pecaram.*

Perante este cenário qual seria o destino do Homem?

Romanos 6.23 *O salário do pecado é a morte, mas o dom gratuito de Deus é a Vida Eterna, por Cristo Jesus, nosso Senhor.*

Precisamos crer no que este versículo nos diz, precisamos crer que o pecado existe e que todos são pecadores, precisamos acreditar em Jesus Cristo como Filho de Deus e Cordeiro de Deus que tira o pecado da Humanidade e precisamos crer também que existe Vida Eterna para nós, dada pela graça de Deus.

Não podemos perder de vista estas três coisas para podermos herdar a Vida Eterna com nossos familiares e juntos vivermos para sempre. Iremos desenvolver estes tópicos nos próximos capítulos.

Capítulo 6

Reconhecer o Pecado

Anteriormente, vimos que o Homem foi criado à imagem e semelhança de Deus e que Deus se agradou de Sua Criação. Depois, entendemos que o Homem pecou contra Deus devido à desobediência e que isso lhe trouxe morte, isto é, separação de Deus.

6.1 O que é Pecado?

Precisamos entender agora o que é o pecado. Muitas vezes, pensamos que pecado é roubar, matar, mentir, adulterar, etc., no entanto, iremos entender que o pecado não são só ações, mas podem ser também intenções do coração ou pensamentos.

Estes últimos dizem respeito ao íntimo do Homem ou ao coração do Homem. Vamos perceber que o pecado primeiro nasce no coração e depois se manifesta nas ações e atitudes. Sem compreendermos o que é o pecado não poderemos dar o devido valor ao que Jesus Cristo fez na Cruz do Calvário.

CAPÍTULO 6. RECONHECER O PECADO

Romanos 3.23 *Porque todos pecaram e destituídos estão da glória de Deus.*

6.1.1 Imperfeição

Quando o primeiro Homem pecou, o pecado entrou na Terra:

Romanos 5.12 *Pelo que, como por um homem entrou o pecado no mundo, e pelo pecado, a morte, assim também a morte passou a todos os homens, por isso que todos pecaram.*

O pecado foi transmitido à Humanidade por herança do primeiro Homem, por isso, todos pecaram e perderam a glória de Deus.

Já vimos anteriormente que o Homem é imagem e semelhança de Deus, no entanto, ao pecar, a imagem (fisionomia) permaneceu igual, mas a semelhança (caráter e natureza) foram perdidos. Toda a desobediência à Palavra de Deus é pecado. Assim, o Homem foi destituído de sua posição gloriosa.

6.1.2 Desobediência

Deus provou ao longo dos séculos que o Homem não consegue viver puro ao longo de toda a sua vida. Ele fez isso dando Sua lei à Humanidade para que encerrasse tudo debaixo do pecado:

Gálatas 3.22-24 *Mas a escritura encerrou tudo debaixo do pecado, para que a promessa pela fé em Jesus Cristo fosse dada aos crentes. Mas, antes que a fé viesse, estávamos guardados debaixo da lei e encerrados para aquela fé que se havia de manifestar. De maneira que a lei nos serviu de aio, para nos conduzir a Cristo, para que, pela fé, fôssemos justificados.*

Se fosse pela Lei, estaríamos todos sem esperança e condenados perante a perfeição dos princípios da Lei de Deus.

Assim sendo, quando o Homem se sente deprimido, obcecado, orgulhoso, obstinado, talvez seja porque não tenha obedecido às leis de Deus.

Tiago 2.10 *Porque qualquer que guardar toda a lei e tropeçar em um só ponto tornou- se culpado de todos.*

Ou seja, se alguém fizer tudo de acordo com a Lei de Deus, mas num dia mau corromper a Lei Divina, tornar-se-á pecador do mesmo jeito.

6.1.3 Intenções Malígnas

Mateus 5.27,28 *Ouvistes que foi dito aos antigos: Não cometerás adultério. 28 Eu porém, vos digo que qualquer que atentar numa mulher para a cobiçar já em seu coração cometeu adultério com ela.*

A simples intenção malígna do coração é pecado. Ou seja, não só as ações, mas as intenções ruins são pecado aos olhos de Deus. Porque Deus vê tudo o que vai no coração, quer seja bom ou não.

6.1.4 Conhecer o Bem e não fazer

Também quando sabemos como agir corretamente e não o fazemos, cometemos pecado.

Tiago 4.17 *Aquele, pois, que sabe fazer o bem e o não faz comete pecado.*

6.1.5 Resumo sobre o Pecado

Pecado é a incapacidade Humana de atingir os padrões de perfeição de Deus.

- Pecado é uma imperfeição
- Pecado é desobediência à Lei de Deus
- Pecado é pensar e agir mal.
- Pecado é saber como agir corretamente e não o fazer.
- Pecado existe em todo o Homem.

Será que existe alguém que não seja pecador?

Romanos 3.10 *Não há um justo, nem um sequer.*

Por este motivo, todos os Homens, independentemente da sua nacionalidade, língua, cor, etnia, raça, *status* social, inteligência ou sexo são pecadores.

Capítulo 7

Ter Fé em Jesus Cristo

Isaías 1.18 *Vinde, então, e argui-me, diz o Senhor; ainda que os vossos pecados sejam como a escarlata, ...ainda que sejam vermelhos como o carmesim,...*

Deus enxerga nossos pecados perante Ele como escarlata (vermelho vivo). Então, será que ainda existe esperança para a Humanidade? Será que o Homem pode fazer algo para limpar os seus pecados?

A resposta à pergunta anterior é sim. O Homem tem um novo caminho preparado por Deus para se lavar de seus pecados. Neste versículo, vemos que Deus já havia pensado nisso muito antes de Jesus vir a este mundo:

Isaías 1.18 *Vinde, então, e argui-me, diz o Senhor; ainda que os vossos pecados sejam como a escarlata, eles se tornarão brancos como a neve; ainda que sejam vermelhos como o carmesim, se tornarão como a branca lã.*

Deus já tinha um plano para salvar o Homem, ainda antes da Era de Cristo. Que espantoso! Nosso Deus é Maravilhoso!

CAPÍTULO 7. TER FÉ EM JESUS CRISTO

Isaías também profetizou como isso aconteceria, o que ainda é mais espantoso:

Isaías 53.1-12 *Quem deu crédito à nossa pregação? E a quem se manifestou o braço do Senhor? 2 Porque foi subindo como renovo perante ele e como raiz de uma terra seca; não tinha parecer nem formosura; e, olhando nós para ele, nenhuma beleza víamos, para que o desejássemos. 3 Era desprezado e o mais indigno entre os homens, homem de dores, experimentado nos trabalhos e, como um de quem os homens escondiam o rosto, era desprezado, e não fizemos dele caso algum. 4 Verdadeiramente, ele tomou sobre si as nossas enfermidades e as nossas dores levou sobre si; e nós o reputamos por aflito, ferido de Deus e oprimido. 5 Mas ele foi ferido pelas nossas transgressões e moído pelas nossas iniquidades; o castigo que nos traz a paz estava sobre ele, e, pelas suas pisaduras, fomos sarados. 6 Todos nós andamos desgarrados como ovelhas; cada um se desviava pelo seu caminho, mas o Senhor fez cair sobre ele a iniquidade de nós todos. 7 Ele foi oprimido, mas não abriu a boca; como um cordeiro, foi levado ao matadouro e, como a ovelha muda perante os seus tosquiadores, ele não abriu a boca. 8 Da opressão e do juízo foi tirado; e quem contará o tempo da sua vida? Porquanto foi cortado da terra dos viventes e pela transgressão do meu povo foi ele atingido. 9 E puseram a sua sepultura com os ímpios e com o rico, na sua morte; porquanto nunca fez injustiça, nem houve engano na sua boca. 10 Todavia, ao Senhor agradou o moê-lo, fazendo- o enfermar; quando a sua alma se puser por expiação do pecado, verá a sua posteridade, prolongará os dias, e o bom prazer do Senhor prosperará na sua mão. 11 O trabalho da sua alma ele verá e ficará satisfeito; com o seu conhecimento, o meu servo, o justo, justificará a muitos, porque as iniquidades deles levará sobre si. 12 Pelo que lhe darei a parte de muitos, e, com os poderosos, repartirá ele o despojo; porquanto derramou a sua alma na morte e foi contado com os transgressores; mas ele levou sobre si o pecado de muitos e pelos transgressores intercedeu.*

Estes versos não parecem uma linda sinfonia? Eles descrevem a derrota de satanás na vida da Humanidade antes que Cristo morresse! É incrível como Deus traçou este plano antes sequer do Homem se voltar para Deus.

Será que só em Isaías Deus pensou em salvar o Homem? Não!

Gênesis 3.15 *E porei inimizade entre ti e a mulher e entre a tua semente e a sua semente; esta te ferirá a cabeça, e tu lhe ferirás o calcanhar.*

Logo a seguir ao Homem ter sido destituído da Glória de Deus através do pecado, Deus anunciou Seu plano de enviar um Salvador, o Messias.

Nesta passagem, a expressão da serpente morder o calcanhar do Messias significa que satanás iria matá-lo, mas, que Ele, Jesus, lhe iria pisar a cabeça de vez.

Então, estamos observando que Deus, no segundo seguinte à desobediência de Adão e Eva, anunciou Seu plano de Salvação da Humanidade, muito antes de satanás ter tempo de comemorar. Não é incrível isto? Ele é de fato maravilhoso e nos deseja ter do Seu lado para sempre!

Naquele momento, Deus providenciou o caminho para a Vida Eterna com Ele:

João 3.16,17 *Porque Deus amou o mundo de tal maneira que deu o seu Filho unigênito, para que todo aquele que nele crê não pereça, mas tenha a vida eterna. 17 Porque Deus enviou o seu Filho ao mundo não para que condenasse o mundo, mas para que o mundo fosse salvo por ele.*

João 1.12,13 *Mas a todos quantos o receberam deu- lhes o poder de serem feitos filhos de Deus: aos que creem no seu nome, 13 os quais não nasceram do sangue, nem da vontade da carne, nem da vontade*

CAPÍTULO 7. TER FÉ EM JESUS CRISTO

do varão, mas de Deus.

Jesus é, portanto, o nosso Salvador, o nosso caminho, a nossa verdade e a nossa vida, gerado por Deus para que o Homem não ficasse caído, mas que se levantasse.

Ao morrer e ressuscitar Ele se tornou o Autor e Consumador da nossa fé, que nos leva à Vida Eterna:

Apocalipse 1.17,18 *...não temas; eu sou o Primeiro e o Último 18 e o que vive; fui morto, mas eis aqui estou vivo para todo o sempre. Amém! E tenho as chaves da morte e do inferno.*

Hebreus 13.8 *Jesus Cristo é o mesmo ontem, hoje e eternamente.*

Tito 2.13 *...a bem-aventurada esperança e o aparecimento da glória do grande Deus e nosso Senhor Jesus Cristo.*

João 10.30 *Eu e o Pai somos um.*

Colossenses 2.9 *Porque nele habita corporalmente toda a plenitude da divindade.*

Jesus Cristo é o único capaz de operar tão grande Salvação e ai de nós se não atentarmos para tão maravilhoso e perfeito caminho. Sabendo disso, podemos então ter fé em Jesus Cristo para nos ajudar em qualquer situação a caminho da Vida Eterna.

7.1 A Vida e Ministério de Jesus Cristo

Muita coisa pode ser ensinada acerca de Jesus. Mas creio que a melhor maneira é parafrasear o que está escrito em Mateus:

Mateus 22.42 *...que pensais vós do Cristo? De quem é filho?*

CAPÍTULO 7. TER FÉ EM JESUS CRISTO

Jesus veio a este mundo há cerca de 2015 anos atrás, numa cidade cujo nome é Belém. Maria foi a mulher escolhida por Deus para conceber através do poder milagroso do Espírito Santo de Deus. José foi a figura paterna que ajudou Maria a educar Jesus nos seu primeiros anos de vida. Jesus teve uma profissão de carpinteiro que durou até aos 30 anos de idade, juntamente com José. Ao iniciar o Seu Ministério aos 30 anos, rapidamente a sua fama se espalhou por toda a Galiléia.

Seu Ministério começou aqui:

Mateus 3.11-17 *E eu, em verdade, vos batizo com água, para o arrependimento; mas aquele que vem após mim é mais poderoso do que eu; não sou digno de levar as suas sandálias; ele vos batizará com o Espírito Santo e com fogo. 12 Em sua mão tem a pá, e limpará a sua eira, e recolherá no celeiro o seu trigo, e queimará a palha com fogo que nunca se apagará. 13 Então, veio Jesus da Galileia ter com João junto do Jordão, para ser batizado por ele. 14 Mas João opunha- se- lhe, dizendo:Eu careço de ser batizado por ti, e vens tu a mim? 15 Jesus, porém, respondendo, disse- lhe:Deixa por agora, porque assim nos convém cumprir toda a justiça. Então, ele o permitiu. 16 E, sendo Jesus batizado, saiu logo da água, e eis que se lhe abriram os céus, e viu o Espírito de Deus descendo como pomba e vindo sobre ele. 17 E eis que uma voz dos céus dizia:Este é o meu Filho amado, em quem me comprazo.*

Este foi o evento que marcou o início do Ministério de Jesus. O Seu ensinamento era simples e poderoso e se focava no anunciar que era chegado o Reino de Deus e Suas Boas Novas de Salvação para os Homens.

Ele ensinou, pregou e curou as pessoas de muitos males, deu vista aos cegos, expulsou demónios, fez andar paralíticos, curou leprosos, ergueu homens e os retirou de sua vida de pecado, fortaleceu os corações fracos e ressuscitou os mortos. Ele era encontrado no meio dos pecadores, oprimidos, desamparados e fez muito sinais no meio deles.

CAPÍTULO 7. TER FÉ EM JESUS CRISTO

Irei agora colocar uma passagem que responde muito bem à pergunta sobre quem é Jesus?

Mateus 4.23-25 *E percorria Jesus toda a Galiléia, ensinando nas suas sinagogas, e pregando o evangelho do Reino, e curando todas as enfermidades e moléstias entre o povo. 24 E a sua fama correu por toda a Síria; e traziam- lhe todos os que padeciam acometidos de várias enfermidades e tormentos, os endemoninhados, os lunáticos e os paralíticos, e ele os curava. 25 E seguia-o uma grande multidão da Galiléia, de Decápolis, de Jerusalém, da Judeia e dalém do Jordão.*

Este era Jesus. Ele próprio dizia: - A minha comida é fazer a vontade daquele que me enviou. Ele vivia para cumprir a Sua missão e o chamado que Deus lhe dera, salvar a Humanidade. Alguns versículos que você deve ler para conhecer mais de Seu Ministério na Terra são:

Mateus 8.1-4; Mateus 8.23-27; Mateus 9.1-8; Marcos 5.35-43; Marcos 10.46-52; Lucas 13.10-17; Lucas 15.3-7; João 8.1-11; João 9.1-7; João 11.1-45

Capítulo 8

Crer no Yom Kippur

Yom Kippur ou Dia da Expiação significa o sacrifício máximo que expiou ou limpou a Humanidade de seus pecados. O salário do pecado é a morte e sabemos que Deus não se relaciona com o pecado. Logo, sendo Deus Justo, Ele teria de julgar e condenar esses pecados.

Antigamente a nação Judaica matava um cordeiro sem mancha na Páscoa, para que uma vez por ano o Sacerdote fosse à presença de Deus com o sangue desse cordeiro, e este cobrisse os pecados do povo. Atenção que eu estou falando cobrir não limpar ou remover, porque o sangue de um cordeiro não tinha poder para remover os pecados do povo. Quando Jesus foi crucificado na época da Páscoa, o cordeiro de Deus estava sendo oferecido em sacrifício extremo (Yom Kippur) por toda a Humanidade.

Como então o sangue de Jesus pode limpar os pecados de todo o Homem desde o primeiro até ao último que viver nesta Terra?

Hoje em nossos dias quando queremos saber quem é o Pai de uma criança nós tiramos sangue do Pai e verificamos através do sangue a paternidade da criança, ou seja o sangue da criança vem do Pai. Quem era o Pai de Jesus?:

Lucas 1.35 *E, respondendo o anjo, disse- lhe:Descerá sobre ti o Espírito Santo, e a virtude do Altíssimo te cobrirá com a sua sombra; pelo que também o Santo, que de ti há de nascer, será chamado Filho de Deus*

Portanto, o sangue de Jesus veio do Céu, é um sangue Santo e puro, o único que Deus aceitou para remissão ou remoção dos nossos pecados. O único digno de ser Senhor e Salvador do povo.

8.1 O Único que é Digno

Apocalipse 5.2,3,9 *Quem é digno de abrir o livro e de desatar os seus selos? 3 E ninguém no céu, nem na terra, nem debaixo da terra, podia abrir o livro, nem olhar para ele... 9 E cantavam um novo cântico, dizendo: Digno és de tomar o livro e de abrir os seus selos, porque foste morto e com o teu sangue compraste para Deus homens de toda tribo, e língua, e povo, e nação; 10 e para o nosso Deus os fizeste reis e sacerdotes; e eles reinarão sobre a terra.*

Ele não só é o único que é digno como também fez de Si Rei e Sacerdote no Seu Reino Celestial. Ainda não vemos com nossos olhos físicos o que Deus já fez por nós, por isso temos de ser como Paulo, correr a corrida e guardar a fé para entrarmos no gozo do nosso Deus.

Mas, a nossa autoridade teremos de começar a exercê-la ainda neste mundo esvaziando o inferno e populando o Céu para Honra e Glória daquele que nos transportou da morte para o Reino do Filho do Seu Amor.

Deixo alguns versículos para você conhecer mais pormenores desse sacrifício e do Seu retorno ao Céu, onde Ele foi recebido com grande Honra, Glória e Poder:

Marcos 16.1-6; Lucas 24.1-7; João 20.1-10; João 20.24-29;Actos 1.9-11; Lucas 24.51

I Timóteo 2.5 *Porque há um só Deus, e um só Mediador entre Deus e os homens, Jesus Cristo, Homem.*

Ele é o único que pode interceder por nós no Céu e nos preparar morada no Seu reino.

João 14.6 *Eu sou o caminho, a verdade e a vida. Ninguém vem ao Pai senão por mim.*

CAPÍTULO 8. CRER NO YOM KIPPUR

Capítulo 9

O Poder da Fé

Entendemos anteriormente que precisamos conhecer a Bíblia, o Homem e Deus, assim como também precisamos crer no pecado, em Jesus Cristo e no Yom Kippur (Dia da Expiação) como necessários para alcançarmos a vida Eterna. Para iniciar este estudo, iremos tratar de coisas espirituais, que não se enxergam, mas que são bem reais e poderosas.

1 Coríntios 13.13 *Agora, pois, permanecem a fé, a esperança e o amor, estes três; mas o maior destes é o amor.*

Após entrarmos para a Família de Deus, fomos perdoados e adotados como filhos de Deus. Agora, precisamos obter para nós três coisas em nosso coração ou espírito: Fé, Esperança e Amor!

9.1 Como a Fé Vem

Romanos 10.17 *De sorte que a fé é pelo ouvir, e o ouvir pela palavra de Deus.*

CAPÍTULO 9. O PODER DA FÉ

Hebreu 11.6 *Ora, sem fé é impossível agradar-lhe, porque é necessário que aquele que se aproxima de Deus creia que ele existe e que é galardoador dos que o buscam.*

Se Deus requer de mim fé, mesmo quando algo é impossível, eu poderia questionar a Sua Justiça, pois Ele poderia fazer tudo sozinho. No entanto, Ele coloca nas nossas mãos todas as ferramentas que precisamos para que fé possa ser gerada. Logo, a responsabilidade de ter e exercer fé é totalmente nossa.

Deus fala que sem fé é impossível agradar-lhe, mas Ele também nos ensina como obter fé. Falta de fé não é culpa de Deus. E isso também é verdade no que diz respeito à Salvação.

Romanos 10.8-10,13,14 *Mas que diz? A palavra está junto de ti, na tua boca e no teu coração; esta é a palavra da fé, que pregamos, 9 a saber: Se, com a tua boca, confessares ao Senhor Jesus e, em teu coração, creres que Deus o ressuscitou dos mortos, serás salvo. 10 Visto que com o coração se crê para a justiça, e com a boca se faz confissão para a salvação... 13 Porque todo aquele que invocar o nome do Senhor será salvo. 14 Como, pois, invocarão aquele em quem não creram? E como crerão naquele de quem não ouviram? E como ouvirão, se não há quem pregue.*

Os Homens são salvos por ouvirem a Palavra de Deus, e não podem crer e ter fé se não a ouvirem. Por esse motivo, encorajo você a sempre ouvir a Palavra de Deus, à tempo e fora de tempo, para que em qualquer circunstância adversa de sua vida você possa usar a sua fé para vencer.

Fé só funciona se recebemos as promessas de Deus como verdades. Para nos apropriarmos das promessas de Deus não precisamos de ser muito inteligentes, apenas precisamos de fé. A fé nos permite receber o auxílio divino no tempo oportuno.

João 3.27 *João respondeu e disse: O homem não pode receber* *coisa alguma, se lhe não for dada do céu.*

9.2 O que é Fé

Vamos ver, então, o que é fé.

Hebreus 11.1 *Ora, a fé é o firme fundamento das coisas que se esperam e a prova das coisas que se não vêem.*

Ela é a prova ou a evidência de coisas que ainda não se vêem, mas que já existem no seu coração. Permanecer na fé irá fazer com que essas coisas se materializem.

9.3 Onde devemos focar a nossa Fé

Como vimos, fé cresce à medida que ouvimos e ouvimos a Palavra de Deus. A Palavra de Deus é a Bíblia e ela é infalível, está cheia de vida e poder para levar nosso espírito (coração) à comunhão com Deus.

A nossa fé deve se focar, portanto, nas escrituras bíblicas e também em livros inspirados pelo Espírito Santo. Vejamos:

2 Timóteo 3.16 *Toda a escritura, divinamente inspirada, é proveitosa para ensinar, para redarguir, para corrigir, para instruir em justiça.*

Essa leitura deve ser diária e constante, assim como um atleta que treina para ser campeão mundial, ou seja, ele não treina só aos domingos, mas sim diariamente e, muitas vezes, duas a três vezes por dia. Da mesma forma, você deve ler sua Bíblia diariamente para que seu espírito fique treinado na Palavra de Deus e nos dons celestiais.

CAPÍTULO 9. O PODER DA FÉ

Como já sabemos, sem fé é impossível agradar a Deus. E, como o foco de um cristão deve ser agradar a Deus e trazer honra e glória para Ele, devemos ser zelosos e nos aperfeiçoarmos diariamente como um atleta profissional que quer se qualificar para os jogos olímpicos.

2 Timóteo 2.15 *Procura apresentar- te a Deus aprovado, como obreiro que não tem de que se envergonhar, que maneja bem a palavra da verdade.*

1 Coríntios 9.26,27 *Pois eu assim corro, não como a coisa incerta; assim combato, não como batendo no ar. 27 Antes, subjugo o meu corpo e o reduzo à servidão, para que, pregando aos outros, eu mesmo não venha de alguma maneira a ficar reprovado.*

O que Paulo estava incentivando Timóteo a fazer era exatamente o que ele fazia. Ele era um atleta espiritual e se esforçava diariamente para ser mais excelente, não só no domínio da Palavra de Deus, mas também na prática da mesma. E a prática da Palavra é essencial! Por quê?

Tiago 2.18-20,26 *Mas dirá alguém:Tu tens a fé, e eu tenho as obras; mostra- me a tua fé sem as tuas obras, e eu te mostrarei a minha fé pelas minhas obras. 19 Tu crês que há um só Deus? Fazes bem; também os demônios o creem e estremecem. 20 Mas, ó homem vão, queres tu saber que a fé sem as obras é morta?... 26 Porque, assim como o corpo sem o espírito está morto, assim também a FÉ SEM OBRAS É MORTA.*

A Palavra mata, mas o espírito vivifica. A Bíblia não é apenas um livro de histórias. Ela é o poder de Deus para a Salvação de todo aquele que crê.

Como então iremos mostrar esse poder, se não o experimentarmos pondo o mesmo em prática? Como saberemos que a Bíblia é poderosa se não praticarmos seus ensinamentos?

É a mesma coisa quando vemos uma laranja bonita e viçosa e não a abrimos e mordemos para saber seu sabor. Jesus só se manifestará a você na mesma medida que você O conhece e avança, dando passos de fé na sua vida.

CAPÍTULO 9. O PODER DA FÉ

Capítulo 10

A Esperança

Eu costumo ensinar a esperança da seguinte forma: Primeiro, esperança não é fé. Elas são, inclusive, bem distintas uma da outra, no entanto, elas cooperam entre si. Veja, a esperança é como um lindo quadro que existe dentro de seu coração. Isso é a esperança, é aquilo que você visualiza e deseja para o seu futuro.

Por esse motivo, temos que ter muito cuidado com o que estamos imaginando:

Provérbios 23.7 *...como imaginou na sua alma, assim é...*

O homem se torna naquilo que ele imagina. Você pode argumentar: como posso eu controlar aquilo que penso? Esta é uma boa pergunta e, como qualquer boa pergunta, também existe uma boa resposta: você não controla os seus pensamentos de uma forma direta, mas sim indireta. Isto é, você precisa antes controlar aquilo que vê, aquilo que ouve, aquilo que fala e faz, e dessa forma, você controlará aquilo que imagina (o quadro que você desenha no seu coração).

A esperança é essencial para o sucesso da fé. Se a fé não tiver um

CAPÍTULO 10. A ESPERANÇA

alvo, não tem como ela concretizar o nosso desejo. Precisamos de um alvo para a nossa fé e esse alvo é o quadro que desenhamos no nosso coração, ou seja, a esperança.

Nós devemos ter esperança em quê?

- Esperança em Deus
- Esperança na Justiça de Deus
- Esperança no Amor de Deus
- Esperança na Vontade de Deus

Quando nos exercitamos em esperança, obtemos três características importantíssimas para a nossa vida cristã. Elas são: a Paciência, a Humildade e a Certeza. Porque enquanto esperamos, nossa paciência é desenvolvida, assim como a nossa humildade, pois ficamos com certeza de que no tempo de Deus as coisas acontecerão.

Logo, devemos ser humildes diante de Deus e no Seu tempo Ele próprio nos exaltará. Devemos trabalhar o nosso coração a permanecer crendo com firmeza que aquele que prometeu é fiel e cumprirá a Sua promessa.

Assim, nada nem ninguém poderá lhe tirar ou destruir tal segurança e certeza!

Capítulo 11

O Poder do Amor

O que é o Amor?

1 Coríntios 13.1-8 *Ainda que eu falasse as línguas dos homens e dos anjos e não tivesse amor, seria como o metal que soa ou como o sino que tine. 2 E ainda que tivesse o dom de profecia, e conhecesse todos os mistérios e toda a ciência, e ainda que tivesse toda a fé, de maneira tal que transportasse os montes, e não tivesse amor, nada seria. 3 E ainda que distribuísse toda a minha fortuna para sustento dos pobres, e ainda que entregasse o meu corpo para ser queimado, e não tivesse amor, nada disso me aproveitaria. 4 O amor é sofredor, é benigno; o amor não é invejoso; o amor não trata com leviandade, não se ensoberbece,5 não se porta com indecência, não busca os seus interesses, não se irrita, não suspeita mal; 6 não folga com a injustiça, mas folga com a verdade; 7 tudo sofre, tudo crê, tudo espera, tudo suporta. 8 O amor nunca falha.*

Esta é a melhor definição de amor que conheço. Ela está completa para ninguém ter dúvidas do que é amor. Como podemos praticar esse amor se não estamos acostumados com esse modo de viver?

CAPÍTULO 11. O PODER DO AMOR

- Perdoar (**Mateus 18**)
- Não se envolver em contendas (**Tiago 3.16**)
- Não apontar os defeitos dos utros (**Mateus 7.1-5**)
- Encobrir a transgressão dos outros (**Provérbios 17.9**)
- Falar palavras de edificação em relação a outras pessoas (**1 João 3.15-18**)

Mateus 5.44 *Amai os vossos inimigos, bendizei os que vos maldizem, fazei bem aos que vos odeiam, orai pelos que vos maltratam e perseguem.*

Isto é o amor do tipo de Deus, demonstrado em Jesus.

Mesmo estando Jesus sendo perseguido e preso, Ele não retaliava, não ofendia, pelo contrário, Ele falava com mansidão. Ele pediu perdão pelos que o matavam. Enquanto pregado na Cruz, se preocupou com Maria e João, dizendo a João: - Eis aí a tua mãe, e a Maria: - Eis aí o teu filho.

Em resumo, o verdadeiro amor nos faz preocupar mais com os outros do que com nós próprios. O amor não é egoísta, ele compartilha, ele cede, ele é bom e, como a Bíblia nos ensina, se agirmos em amor, Ele também nunca falhará para conosco em quaisquer circunstâncias.

O amor cria em nós uma atitude de perdão. O amor de Cristo é perdoador, porque Deus nos perdoou. Agora, temos a responsabilidade de perdoar os outros também.

Para fazer isso, a humildade tem que existir, para que consigamos conceder também nosso perdão a quem nos ofendeu. A falta de perdão leva nosso espírito a uma posição de orgulho, a mesma posição que o diabo tomou antes de ser expulso do céu. A falta de perdão gera orgulho e o orgulho gera desobediência a Deus.

CAPÍTULO 11. O PODER DO AMOR

1 Samuel 15.22 *Porque a rebelião é como o pecado de feitiçaria, e o porfiar é como iniquidade e idolatria. Porquanto tu rejeitaste a palavra do Senhor, ele também te rejeitou a ti.*

E a desobediência é como o pecado de feitiçaria. Por este motivo, grande parte da Humanidade se encontra presa a satanás e seus espíritos, pela falta de perdão a um ente querido, uma mãe, um pai, um filho, uma nora, uma sogra...

Não podemos cair nesta cilada, porque ao perdoarmos os outros fazemos um favor a nós mesmos e não aos outros, pois não permitimos que os poderes das trevas entrem na nossa vida para a destruir.

Para finalizar, deixo aqui um encorajamento e mandamento de Jesus, o mesmo que Ele trouxe para a Humanidade:

Marcos 12.30,31 *Amarás, pois, ao Senhor, teu Deus, de todo o teu coração, e de toda a tua alma, e de todo o teu entendimento, e de todas as tuas forças; este é o primeiro mandamento. E o segundo, semelhante a este, é: Amarás o teu próximo como a ti mesmo. Não há outro mandamento maior do que estes.*

CAPÍTULO 11. O PODER DO AMOR

Capítulo 12

Como Orar

Orar é conversar com Deus. Assim como numa conversa com alguém, a oração deve ter um propósito bem definido, específico e inspirado na Bíblia.

Para obtermos um crescimento espiritual sadio precisamos orar frequentemente. A oração é um meio para você obter força, refrigério e poder espiritual. A oração é nossa comunhão espiritual diária com Deus.

12.1 Dicas Práticas sobre Oração

- Obtenha o hábito de orar todos dias.
- Ore com fé que Deus está ouvindo você.
- Prepare um lugar para orar onde se sinta confortável e possa estar sozinho.
- Tenha um caderno em que você possa registrar tudo o que você

está orando: tópico; data de início; data de fim; como Deus respondeu, etc. Assim, você acompanha e confirma que Deus está respondendo às suas orações.

- Ore de todo o coração.
- Ore com paciência, sabendo que quanto mais orar, mais fácil será para você criar este hábito. Lembre-se: é como um atleta treinando.
- Ore com alegria e com um coração agradecido.

Filipenses 4.6 *Não estejais inquietos por coisa alguma. Antes as vossas petições sejam em tudo conhecidas diante de Deus pela oração e súplicas, com ações de graças.*

Ore segundo as promessas de Deus, com um coração cheio de louvor e gratidão. Quando se aproxima de Deus, abrindo o seu coração, com fé ardente, pode confiar que a resposta virá.

12.2 O que constitui a Oração

Não existe a forma correta de se orar. Cada pessoa ora de forma diferente, mas poderemos afirmar que uma oração é constituída essencialmente por:

- **Louvar**, ou seja, ministrar a Jesus de todo nosso coração, como nosso Senhor e Mestre.
- **Confessar** nossos pecados, assim como as nossas fraquezas, erros cometidos e imperfeições.
- **Pedir** perdão pelos nossos pecados já confessados, por necessidades que tenhamos em nossas vidas, por vigor, saúde e por toda

a sabedoria espiritual, a fim de vivermos para Ele. Peça também a Sua direção diária.

- **Interceder** pelos nossos familiares e amigos, pelo trabalho diário, pela sociedade em que vivemos, pelo nosso país, pelas autoridades, por todos os crentes e pela Igreja.

- **Agradecer** pelo amor que Deus tem por nós, pela morte de Cristo na Cruz, pela resposta às nossas orações e por aquilo que Cristo significa nas nossas vidas.

12.3 Tipos de Oração

Há vários tipos de oração e cada tipo tem as suas regras, que não podem ser misturadas. Por exemplo, não se usam as regras de basquetebol quando se joga futebol. Do mesmo modo, em relação à oração, não pode aplicar regras que são utilizadas na Oração de Intercessão com as regras utilizadas na Oração da Fé Por Si Mesmo.

Os tipos de Oração, podem ser enumerados do seguinte modo:

A. ORAÇÃO DA FÉ POR SI MESMO

B. ORAÇÃO DE CONSAGRAÇÃO E DEDICAÇÃO A DEUS

C. ORAÇÃO NO ESPÍRITO

D. ORAÇÃO DE CONCORDÂNCIA

E. ORAÇÃO DE INTERCESSÃO

F. ORAÇÃO DE ENTREGA DE PROBLEMAS A DEUS

G. ORAÇÃO DE AÇÃO DE GRAÇAS, LOUVOR E ADORAÇÃO

CAPÍTULO 12. COMO ORAR

H. ORAÇÃO DE ARGUMENTAR SEU CASO COM DEUS

12.3.1 Oração da Fé por si Mesmo

A oração da fé por si mesmo, se baseia em Marcos 11.24.

Marcos 11.24 *Por isso vos digo que tudo o que pedirdes, orando, crede que o recebereis, e tê-lo-eis.*

Princípios Práticos

1. Devemos decidir e ser específicos naquilo que queremos de Deus. Jesus ia passando por um cego, que lhe gritou: "Tem misericórdia de mim e ajuda-me". E Jesus perguntou: "O que queres de mim?" Foi então que o cego lhe pediu especificamente que Jesus lhe desse vista.

Repare que Jesus sabia muito bem o que o cego precisava, mas só respondeu ao pedido (oração do cego) quando ele foi específico naquilo que queria.

O pastor Youngi Cho, aconselhando uma moça que queria casar, perguntou-lhe que tipo de marido ela queria. Ela respondeu: «O Senhor sabe qual deles é o melhor». O pastor, pela Palavra de Deus, mostrou-lhe que ela estava errada, pois precisava orar de maneira mais específica para que Deus lhe mostrasse qual seria seu futuro marido. Por fim, ela casou-se com um home tal e qual ela havia pedido.

Deus não responde a orações que não sejam específicas. Não é Deus que vai escolher o noivo, porque não é Ele que se vai casar. Só depois que ela foi específica é que se casou.

2. Encontre uma passagem bíblica que prometa aquilo que quer pedir a Deus. Deus só responde à sua oração, se for de acordo com

a Sua Vontade, se for de acordo com uma das Suas Promessas. A Vontade de Deus está toda descrita na Bíblia.

I João 5.14-15 *E esta é a confiança que temos nele, que se pedirmos alguma coisa, segundo a sua vontade, ele nos ouve. 15 E, se sabemos que nos ouve em tudo o que pedimos, sabemos que alcançamos as petições que lhe fizermos.*

3. Antes de fazer o pedido a Deus gaste tempo a meditar nas promessas - Deus só responde a uma oração de fé, fé só vem por ouvir a Palavra de Deus - então, antes de fazer o pedido a Deus, você precisa meditar bastante vezes nos versículos bíblicos que prometem o que você quer de Deus. Só então você terá fé para esse assunto e Deus lhe responderá.

Romanos 10.17 *De sorte que a fé é pelo ouvir, e o ouvir pela Palavra de Deus.*

João 15.7-8 *Se vós estiverdes em mim, e as minhas palavras estiverem em vós, pedireis tudo o que quiserdes, e vos será feito. Nisto é glorificado meu Pai, que deis muito fruto; e assim sereis meus discípulos.*

Como vimos, é necessário ter o coração cheio da Palavra de Deus. Então, Deus responderá ao seu pedido.

4. Peça a Deus o Pai, em Nome de Jesus Cristo.

Ao contrário do que muita gente faz, o caminho para se pedir algo a Deus é fazer o pedido ao Pai em nome de Jesus.

João 16.23 *E naquele dia nada me perguntareis. Na verdade, na verdade vos digo que tudo quanto pedirdes a meu Pai, em meu nome, Ele vo-lo há-de dar.*

Jesus é o único Intermediário Legal, entre os homens e Deus. Não faça pedidos a Anjos, nem a Santos, nem ao próprio Jesus. Faça sempre os seus pedidos a Deus o Pai, em nome de Jesus.

5. Acredite que recebe a resposta à oração, no instante em que orar.

Marcos 11.24 *Por isso vos digo que tudo o que pedirdes, orando, crede que o recebereis, e tê-lo-eis.*

6. Enquanto espera pela materialização da promessa de Deus, louve-O continuamente pela resposta.

Fé é LOUVAR a Deus, agradecendo a Deus porque "Já tem aquilo que pediu a Deus". Até quando deve-se louvar a Deus pelo assunto para o qual esta orando? Até se ver materializada a resposta de Deus à sua oração.

Filipenses 4.6-7 *Não estejais inquietos por coisa alguma: antes as vossas petições sejam em tudo conhecidas diante de Deus pela oração e súplicas, com ação de graças. 7 E a paz de Deus, que excede todo o entendimento, guardará os vossos corações e os vossos sentimentos em Cristo Jesus.*

7. Não se admire se for assaltado com dúvidas na sua mente.

É precisamente no tempo de espera que o diabo mais gosta de atacar. Como é que o diabo ataca? Lançando pensamentos de DÚVIDAS à sua mente. A mente é o Campo de Batalha. É como se o diabo fosse um dragão a lançar chamas de pensamentos para inflamar a sua mente com dúvidas.

II Coríntios 10.3-5 *Porque, andando na carne, não militamos segundo a carne. 4 Porque as armas da nossa milícia não são carnais, mas sim poderosas em Deus, para destruição das fortalezas; 5 Destruindo os conselhos, e toda a altivez que se levanta contra o conhecimento de Deus, e levando cativo todo o entendimento à obediência de Cristo.*

É nesta altura que temos que lutar contra o diabo, usando a espada do Espírito (Efésios 6.17). Como é que se faz isto? Falando versículos bíblicos ao diabo.

Foi assim que Jesus lutou contra o diabo, e é assim que você terá de fazer, quando for assaltado com dúvidas e ideias contrárias às promessas de Deus.

8. Não desanime se as circunstâncias piorarem, logo após ter orado.

Outra forma usual do diabo atacar é tentar DESANIMÁ-LO com circunstâncias adversas. Sei de casos em que pessoas pediram oração de cura divina e, nos dias seguintes, tudo parecia pior. Sentiam mais dores, tinham mais febre, etc. Por que é que isto acontece? Porque quando o diabo está envolvido na vida de uma pessoa, ele tem que sair, e antes de sair, ele costuma arremessar as pessoas para o chão, ou fazê-las sentir o pior possível. Veja que foi exatamente o que aconteceu nesta passagem:

Marcos 9.25-26 *E Jesus, vendo que a multidão concorria, repreendeu o espírito imundo, dizendo-lhe: Espírito mudo e surdo, eu te ordeno: Sai dele, e não entres mais nele. 26 E ele, clamando e agitando-o com violência, saiu; e ficou o menino como morto, de tal maneira que muitos diziam que estava morto.*

O diabo também se utiliza desta tática para fazer as pessoas pensarem que, afinal, Deus não respondeu à oração. Mas, se nos submetermos a Deus e resistirmos ao diabo, ele fugirá de nós.

Tiago 4.7 *Sujeitai-vos pois a Deus, resisti ao diabo, e ele fugirá de vós.*

Efésios 6.13 *Portanto tomai toda a armadura de Deus, para que possais resistir no dia mau, e havendo feito tudo, ficar firmes.*

CAPÍTULO 12. COMO ORAR

Portanto, no dia mau, depois de ter feito tudo o que sabe acerca desse assunto, não desanime, não desista, mas fique firme, isto é, não ceda ao diabo. Resista ao diabo porque ele terá que fugir de você.

12.3.2 Oração de Consagração e Dedicação a Deus

Cristianismo não é ir a Deus só quando precisamos d'Ele e só para receber bençãos.

Cristianismo é viver uma vida santa e consagrada a Deus. Santificação significa separação do pecado e do mundo; Consagração significa servir a Deus.

Mateus 6.9-13 *Portanto, vós orareis assim: Pai nosso, que estás nos céus, santificado seja o teu nome. 10 Venha o teu reino, seja feita a tua vontade, assim na terra como no céu; 11 O pão nosso de cada dia nos dá hoje; 12 perdoa-nos as nossas dívidas, assim como nós perdoamos aos nossos devedores; 13 E não nos induzas à tentação; mas livra-nos do mal; porque teu é o reino, e o poder, e a glória, para sempre. Amém.*

CONSAGRAÇÃO - É você separar-se para fazer a Vontade de Deus, para trabalhar para Deus.

Trabalhar para Deus não significa que você vai deixar o emprego e ser Pastor, por exemplo. Significa sim, fazer algo onde quer que você esteja, no seu emprego (como testemunhar de Jesus), fazer algo na sua Igreja (como ser assistente, músico, intercessor, oferecer sua casa para um grupo de oração ou célula, etc.) Isso é consagrar-se e trabalhar para Jesus.

DEDICAÇÃO - É você estar disposto a fazer aquilo que Ele quer.

Muitas pessoas querem que Deus se utilize delas próprias para fazer grandes sinais e maravilhas. Mas, para isso, elas precisam de ser obedientes e disponíveis de livre vontade.

Exemplo de Paulo: Atos 16.6, 7 (proibido de pregar); Atos 8.26 (Filipe e o Eunuco).

O ensino de Jesus:

Mateus 10.37-39 *Quem ama o pai ou a mãe, mais do que a mim, não é digno de mim; e quem ama o filho ou a filha, mais do que a mim, não é digno de mim. 38 E quem não toma a sua cruz, e não segue após mim, não é digno de mim. 39Quem achar a sua vida perdê-la-á; e quem perder a sua vida, por amor de mim, achá-la-á.*

Lucas 9.23-26 *E dizia a todos: Se alguém quer vir após mim, negue-se a si mesmo, e tome cada dia a sua cruz, e siga-me. 24 Porque qualquer que quiser salvar a sua vida, perdê-la-á; mas qualquer que, por amor de mim, perder a sua vida, a salvará. 25 Porque, que aproveita ao homem granjear o mundo todo, perdendo-se ou prejudicando-se a si mesmo? 26 Porque, qualquer que de mim e das minhas palavras se envergonhar, dele se envergonhará o Filho do homem, quando vier na sua glória, e na do Pai e dos santos anjos.*

Lucas 9.57-62 *E aconteceu que, indo eles pelo caminho, lhes disse um: Senhor, seguir-te-ei para onde quer que fores. 58 E disse-lhe Jesus: as raposas têm covis, e as aves do céu ninhos, mas o Filho do homem não tem onde reclinar a cabeça. 59 E disse a outro: Segue-me. Mas ele respondeu: Senhor, deixa que primeiro eu vá enterrar meu pai. 60 Mas Jesus lhe observou: Deixa aos mortos o enterrar os seus mortos; porém, tu, vai e anuncia o reino de Deus. 61 Disse, também, outro: Senhor, eu te seguirei, mas deixa-me despedir primeiro dos que estão em minha casa. 62 E Jesus lhe disse: Ninguém, que lança mão do arado e olha para trás, é apto para o reino de Deus.*

CONSELHOS PRÁTICOS

« ... Pai, se queres ... » (Jesus Cristo)

CAPÍTULO 12. COMO ORAR

Lucas 22.42 *Dizendo: Pai, se queres, passa de mim este cálice, todavia não se faça a minha vontade, mas a tua.*

a) A respeito da oração de Jesus no jardim Getsemane, muitas pessoas confundem os tipos de oração e, para tudo, oram sempre da mesma maneira. Pensam que, porque Jesus orou "Se queres...", que devem orar "Se for a Tua Vontade"em todas as orações.

b) Neste momento, Jesus não estava a orar para receber alguma coisa de Deus.

c) Jesus estava a consagrar-se a Deus Pai e a dedicar-se para fazer exatamente aquilo que o Pai desejava. Jesus sabia que iria levar o pecado de todos nós, que iria morrer e iria ao inferno. E isso o fazia sofrer terrivelmente, pois significava que Jesus iria separar-se de Deus. Por isso, é que Ele disse: "Pai, se for da Tua Vontade..."

d) Este tipo de Oração é feito quando você separa a sua vida para Deus o usar, para ir a qualquer lugar, fazer aquilo que Ele quer.

e) Quando estiver a orar por alguma coisa que Deus já prometeu na Sua Palavra, você não precisa orar "Se for esta a Tua vontade", porque a Palavra de Deus é a Sua vontade. Se tentar orar dessa maneira na ORAÇÃO DA FÉ, isto mostrará falta de fé e a oração não funcionará.

Este tipo de oração diz respeito à direção e orientação de Deus para a sua vida e não tem a ver com receber coisas de Deus, as quais Ele já tem prometido.

Este tipo de oração mantém o seu coração aberto para que você possa fazer a chamada que Deus quer que faça.

12.3.3 Oração no Espírito

A oração no Espírito envolve dois grandes acontecimentos na vida de um cristão (a seguir ao novo nascimento): O Batismo no Espírito Santo e o Falar em Línguas diariamente.

Apesar de ser Deus, Jesus nunca viveu na Terra como Deus. Ele próprio se consagrou a Deus o Pai, entregando-se primeiramente para depois ser revestido pelo Espírito Santo, o Poder do Alto. Como é que este poder veio a Jesus? Ao ser batizado no Espírito Santo.

Lucas 3.21-22 *E aconteceu que, todo o povo se batizava, sendo batizado também Jesus, orando ele, o céu se abriu; 22 e o Espírito Santo desceu sobre ele, em forma corpórea, como uma pomba; e ouviu-se uma voz do céu, que dizia: Tu és o meu Filho amado, em ti me tenho comprazido.*

O batismo no Espírito Santo também é para hoje, para todos os que crêem e querem viver uma vida de poder no Espírito Santo.

Atos 2.38-39 *E disse-lhes Pedro: Arrependei-vos, e cada um de vós seja batizado em nome de Jesus Cristo para perdão dos pecados; e recebereis o dom do Espírito Santo; 39 porque a promessa vos diz respeito a vós, a vossos filhos e a todos os que estão longe; a tantos quantos nosso Senhor chamar.*

1. Podemos Orar no Espírito Falando em Línguas

I Coríntios 14.2 *Porque, o que fala língua estranha não fala aos homens, senão a Deus; porque ninguém o entende, e em espírito fala de mistérios.*

É o nosso espírito a falar com Deus.

I Coríntios 14.14 *Porque, se eu orar em língua estranha, o meu espírito ora, mas o meu entendimento fica sem fruto.*

CAPÍTULO 12. COMO ORAR

Neste tipo de oração, o nosso espírito ora, mas a mente não entende. Portanto, o "Falar em Línguas"é o seu espírito falando com Deus.

2. Podemos Orar no Espírito falando em línguas devagar, rindo, chorando (quando impulsionados pelo Espírito Santo).

3. Podemos Orar no Espírito falando: línguas dos anjos, dos homens (outra língua que não seja a nossa língua materna ou já conhecida, ou seja, que não saibamos como falar; falar mistérios com Deus).

4. Podemos Orar no Espírito quando quisermos. Não é necessário o Espírito Santo nos impulsionar. O Batismo no Espírito Santo, com evidência de falar em línguas, é um Dom de Deus para usarmos quando quisermos. Deus nos deu este "presente"para usarmos todos os dias.

5. Podemos Orar no Espírito sem percebermos o que dizemos - Podemos, no entanto, pedir a "interpretação a Deus".

POR QUE FALAR EM LÍNGUAS?

1. Edificação espiritual.

I Coríntios 14.4 *O que fala em língua estranha edifica-se a si mesmo; mas o que profetiza edifica a Igreja.*

Edificar-se a si mesmo é semelhante a carregar as "baterias espirituais". Todos os dias você deve orar em línguas para "carregar as suas baterias".

2. Orar 100% de acordo com a Vontade de Deus.

Romanos 8.26,27 *E da mesma maneira também o espírito ajuda as nossas fraquezas, porque não sabemos o que havemos de pedir como convém, mas o mesmo Espírito intercede por nós com gemidos inexprimíveis. 27 E aquele que examina os corações sabe qual é a intenção do Espírito; e é ele que segundo Deus intercede pelos santos*

Ninguém sabe orar como convém, mas, ao orar em línguas, a oração é perfeita, porque é o Espírito Santo quem ora por meio da pessoa.

3. Para estimular a fé.

Judas 20 *Mas vós amados, edificando-vos a vós mesmos, sobre sobre a vossa santíssima fé, orando no Espírito Santo.*

4. Para nos dar frescura espiritual.

Isaías 28.11 *Pelo que, por lábios estranhos e por outra língua falará a este povo.*

Isaías 28.12 *Ao qual disse: este é o descanso, dai o descanso ao cansado; e este é o refrigério: mas não quiseram ouvir.*

5. Para nos lembrarmos da presença do Espírito Santo.

João 14.16 *E eu rogarei ao Pai, e Ele vos dará outro Consolador, para que fique convosco para sempre.*

João 14.17 *O Espírito de verdade que o mundo não pode receber porque não o vê nem o conhece, mas vós o conhecereis porque habita convosco para sempre.*

6. Para dar Graças a Deus.

I Coríntios 14.17 *Porque realmente tu dás bem as graças mas o outro não é edificado.*

12.3.4 Oração de Concordância

Esta oração se baseia em Mateus 18.18-19 - "Em verdade vos digo que tudo o que ligardes na terra será ligado no céu, e tudo o que desligardes na terra será desligado no céu. 19 Também vos digo que, se dois de vós concordarem na terra acerca de qualquer coisa que pedirem, isso lhes será feito por meu Pai, que está nos céus."

Quando duas ou mais pessoas concordam em relação a alguma coisa e oram nesse sentido, isto vai mesmo acontecer. Lembrando que tudo deve estar dentro da vontade de Deus.

Você pode usar este tipo de oração para alcançar promessas já escritas na Bíblia ou para assuntos da sua vida privada, que não apareçam especificamente nas escrituras.

12.3.5 Oração de Intercessão

INTERCESSÃO - É orar pelos outros, para derrubar as muralhas que o diabo construiu ao redor deles. É derrubar as prisões onde o diabo prendeu as pessoas. Interceder é estarmos sensíveis às necessidades dos outros à nossa volta, para irmos a Deus, pedir por eles. É buscar a presença de Deus, como se fossemos marcar uma audiência com Ele, para orar a favor de outra pessoa.

A. CARACTERÍSTICAS DE UM INTERCESSOR:

- Gasta tempo a orar, a interceder pelos outros;

- Toma o lugar, a posição do outro;

- Jamais desiste;

- Mantém a sua posição até que se vejam os resultados pretendidos.

B. ASPECTOS E EXEMPLOS BÍBLICOS DE INTERCESSÃO

1) Orar por uma cidade - Abraão intercedeu por Sodoma e Gomorra.

CAPÍTULO 12. COMO ORAR

Gênesis 18.23-33 *E chegou-se Abraão, dizendo: Destruirás, também, o justo, com o ímpio? 24 Se, porventura, houver cinquenta justos na cidade, destruí-los-ás, também, e não pouparás o lugar por causa dos cinquenta justos que estão dentro dela? 25 Longe de Ti que faças tal coisa, que mates o justo com o ímpio; que o justo seja como o ímpio, longe de Ti seja. Não faria justiça o Juiz de toda a terra? 26 Então disse o Senhor: Se eu, em Sodoma, achar cinquenta justos dentro da cidade, pouparei a todo o lugar por amor deles. 27 E respondeu Abraão, dizendo: Eis que agora me atrevi a falar ao Senhor, ainda que sou pó e cinza: 28 Se, porventura, faltarem de cinquenta justos cinco, destruirás, por aqueles cinco, toda a cidade?E disse: Não a destruirei, se eu achar ali quarenta e cinco. 29 E continuou ainda a falar-lhe, e disse: Se, porventura se acharem ali quarenta? E disse: Não o farei por amor dos quarenta. 30 Disse mais: Ora não se ire o Senhor, se eu ainda falar: Se, porventura, se acharem ali trinta? E disse: Não o farei, se achar ali trinta. 31 E disse: Eis que, agora, me atrevi a falar ao Senhor: Se porventura se acharem ali vinte? E disse: Não a destruirei, por amor dos vinte. 32 Disse mais: Ora não se ire o Senhor, que ainda só mais esta vez falo: Se, porventura, se acharem ali dez? E disse: Não a destruirei, por amor dos dez. 33 E foi-se o Senhor, quando acabou de falar a Abraão; e Abraão tornou ao seu lugar.*

2) Orar por uma guerra.

Êxodo 17.8-13 *Então, veio Amaleque e pelejou contra Israel em Refidim. 9 Pelo que disse Moisés a Josué:Escolhe- nos homens, e sai, e peleja contra Amaleque; amanhã, eu estarei no cume do outeiro, e a vara de Deus estará na minha mão. 10 E fez Josué como Moisés lhe dissera, pelejando contra Amaleque; mas Moisés, Arão e Hur subiram ao cume do outeiro. 11 E acontecia que, quando Moisés levantava a sua mão, Israel prevalecia; mas, quando ele abaixava a sua mão, Amaleque prevalecia. 12 Porém as mãos de Moisés eram pesadas; por isso, tomaram uma pedra e a puseram debaixo dele, para assentar- se sobre ela; e Arão e Hur sustentaram as suas mãos, um de um lado,*

CAPÍTULO 12. COMO ORAR

e o outro, do outro; assim ficaram as suas mãos firmes até que o sol se pôs. 13 E, assim, Josué desfez a Amaleque e a seu povo a fio de espada.

Dois homens levantaram os braços de Moisés, diante de uma batalha. Quando alguém intercede por outro, está a levantar os braços cansados do outro durante as dificuldades.

3) Moisés intercede por Israel, por causa das serpentes.

Números 21.4-9 *Então, partiram do monte Hor, pelo caminho do mar Vermelho, a rodear a terra de Edom; porém a alma do povo angustiou- se neste caminho. 5 E o povo falou contra Deus e contra Moisés:Por que nos fizestes subir do Egito, para que morrêssemos neste deserto? Pois, aqui, nem pão nem água há; e a nossa alma tem fastio deste pão tão vil. 6 Então, o Senhor mandou entre o povo serpentes ardentes, que morderam o povo; e morreu muito povo de Israel. 7 Pelo que o povo veio a Moisés e disse: Havemos pecado, porquanto temos falado contra o Senhor e contra ti; ora ao Senhor que tire de nós estas serpentes. Então, Moisés orou pelo povo. 8 E disse o Senhor a Moisés:Faze uma serpente ardente e põe- na sobre uma haste; e será que viverá todo mordido que olhar para ela. 9 E Moisés fez uma serpente de metal e pô-la sobre uma haste; e era que, mordendo alguma serpente a alguém, olhava para a serpente de metal e ficava vivo*

4) Pedro na Prisão - os irmãos intercediam.

Atos 12.4-16 *E, havendo- o prendido, o encerrou na prisão, entregando- o a quatro quaternos de soldados, para que o guardassem, querendo apresentá-lo ao povo depois da Páscoa. 5 Pedro, pois, era guardado na prisão; mas a igreja fazia contínua oração por ele a Deus. 6 E, quando Herodes estava para o fazer comparecer, nessa mesma noite, estava Pedro dormindo entre dois soldados, ligado com duas cadeias, e os guardas diante da porta guardavam a prisão. 7 E eis que sobreveio o anjo do Senhor, e resplandeceu uma luz na prisão; e, tocando a Pedro no lado, o despertou, dizendo: Levanta-te depressa! E* *caíram- lhe das mãos as cadeias. 8 E disse- lhe o anjo: Cinge-te e ata as tuas sandálias. E ele o fez assim. Disse-lhe mais:Lança às costas a tua capa e segue-me. 9 E, saindo, o seguia. E não sabia que era real o que estava sendo feito pelo anjo, mas cuidava que via alguma visão. 10 E, quando passaram a primeira e a segunda guarda, chegaram à porta de ferro que dá para a cidade, a qual se lhes abriu por si mesma; e, tendo saído, percorreram uma rua, e logo o anjo se apartou dele. 11 E Pedro, tornando a si, disse: Agora, sei, verdadeiramente, que o Senhor enviou o seu anjo e me livrou da mão de Herodes e de tudo o que o povo dos judeus esperava. 12 E, considerando ele nisso, foi à casa de Maria, mãe de João, que tinha por sobrenome Marcos, onde muitos estavam reunidos e oravam. 13 E, batendo Pedro à porta do pátio, uma menina chamada Rode saiu a escutar. 14 E, conhecendo a voz de Pedro, de alegria não abriu a porta, mas, correndo para dentro, anunciou que Pedro estava à porta. 15 E disseram-lhe: Estás fora de ti. Mas ela afirmava que assim era. E diziam: É o seu anjo. 16 Mas Pedro perseverava em bater, e, quando abriram, viram-no e se espantaram.*

Interceder por alguém NÃO GARANTE os resultados, porque a VONTADE PRÓPRIA da pessoa também está envolvida. Quando intercedemos por alguém, acontece o seguinte:

a) Você liberta essa pessoa da influência do diabo, liberta a mente dessa pessoa, para que ela possa se decidir por Jesus.

b) Pede a Deus que envie alguém que lhe fale da Salvação, caso você já tenha tentado sem sucesso, cabe à pessoa FAZER A DECISÃO.

Nota: Intercessão não é você impôr a sua vontade, o que você acha, para a vida da outra pessoa. Isso seria manipulação, o que é precisamente o que algumas pessoas fazem muitas vezes, sem se aperceberem de tal.

C. COMO INTERCEDER

1) FALE a Palavra de Deus acerca da situação - ORE a Palavra

de Deus; TRANSFORME o problema em vitória.

2) ORE NO ESPÍRITO por essa pessoa, ou por essa situação.

12.3.6 Oração de Entrega dos Problemas a Deus

Mateus 11.28-30 *28 VINDE A MIM, TODOS OS QUE ESTAIS CANSADOS E OPRIMIDOS, E EU VOS ALIVIAREI. 29 Tomai sobre vós o meu jugo, e aprendei de mim, que sou manso e humilde de coração, E ENCONTRAREIS DESCANSO PARA A VOSSA ALMA. 30 Porque o meu jugo é suave, e o meu fardo é leve.*

1 Pedro 5.6-9 *6 Humilhai- vos, pois, debaixo da potente mão de Deus, para que, a seu tempo, vos exalte, 7 LANÇANDO SOBRE ELE TODA A VOSSA ANSIEDADE, porque ele tem cuidado de vós. 8 Sede sóbrios, vigiai, porque o diabo, vosso adversário, anda em derredor, bramando como leão, buscando a quem possa tragar; 9 ao qual resisti firmes na fé, sabendo que as mesmas aflições se cumprem entre os vossos irmãos no mundo.*

Nesta oração, nós invocamos o Nome de Jesus e lhe pedimos que tome sobre Ele tudo aquilo que nos aflige e nos persegue. Tudo o que nos está destruindo, quer internamente, quer externamente. Depois de fazer isto, temos que crer que Ele assumiu controle desses assuntos e que tudo será transformado por Seu poder.

Assim, encontramos paz para prosseguir no dia seguinte, confiante que Suas Promessas se cumprem. Ele próprio falou que devemos lançar sobre Ele essas coisas, então, é porque Ele irá nos livrar delas porque fiel é Jesus que prometeu.

12.3.7 Ação de Graças, Louvor, Adoração e Sacrifício de Louvor

Quando louvamos a Deus, nós estamos elogiando a Deus, estamos falando com Ele. Por isso, podemos englobar o louvor e adoração como um tipo de oração.

Ação de graças - é quando agradecemos a Deus pelas coisas que Ele nos fez e nos deu. Exemplo: "Obrigado Pai por ter me dado aquele móvel novo, por ter curado meus rins, etc.".

Oração de louvor é: quando enaltecemos a Deus pelo que Ele é; significa elogiarmos a Deus pelos grandes atributos que Ele tem. Exemplo: "Eu Te louvo Senhor por teres enviado Jesus para me salvar; Tu és Bom e Misericordioso; Tu és a minha Força; Tu és a minha Sabedoria; Tu és a minha Saúde; Tu és a Fonte da minha riqueza; Tu és Amor."

Oração de Adoração - é quando prestamos a mais alta homenagem ou respeito elevado a Deus. Pode-se adorar a Deus por palavras, por ações e por atitudes (como a mulher que lavou os pés de Jesus com as suas lágrimas e beijou os pés de Jesus).

O Homem é uma criatura que, por natureza, precisa adorar alguém. A questão está a quem ou o que é que ele adora?

Modos de orar, louvando e adorando a Deus:

(1) De mãos levantadas - Salmos 63.4;

(2) Prostrado e de joelhos - Salmos 95.6;

(3) Com cântico - Salmos 69.3;

(4) Com brados de júbilo - Salmos 132.9;

(5) Com dança - Salmos 147.1;

CAPÍTULO 12. COMO ORAR

(6) Com instrumentos - Salmos 153.3-5;

(7) Batendo palmas - Salmos 47.1;

(8) Usando outras línguas - I Coríntios 14.15-17;

Outra parte incluída neste tipo de oração é o sacrifício de louvor, como vemos em Hebreus 13.15 «...Ofereçamos sempre a Ele um sacrifício de Louvor».

Um exemplo Bíblico de Sacrifício de Louvor - louvar a Deus no meio de um problema, quando estamos a passar por grandes aflições, opressões, etc. Vejamos o que aconteceu ao povo de Israel ao chegar à Terra Prometida! Encontraram a terra OCUPADA por gigantes, poderosos e com fortalezas bem protegidas. Mas, seguindo as instruções de Deus (Josué 6.2-20), o povo ganhou a batalha e conquistou a terra.

Foi o caso de Jericó que, segundo diziam, era uma povoação com um muro tão largo que chegavam a fazer corridas de carros puxados a cavalo no topo do muro. E quando o povo rodeou as muralhas por sete dias e por fim gritaram em uníssono as muralhas caíram por terra.

Também nós, nos dias de hoje, para entrarmos na Terra Prometida, isto é, na Vida Abundante que Deus tem para os Seus filhos, temos que conquistar esses castelos, fortalezas, moradas, que estão ocupadas pelo inimigo. Só porque somos cristãos, não significa que tudo vai correr sempre às mil maravilhas. Temos que lutar no espírito para CONQUISTAR as bênçãos.

Outro exemplo bíblico está em Atos 16.23-26, quando Deus mandou Paulo ir pregar para a Macedônia. À primeira vista, parecia que tudo iria correr bem. Mas, o fato foi que Paulo acabou por ir preso por ter liberto uma moça de um espírito de adivinhação.

Ora, Paulo não ficou resmungando: "Senhor, então Tu mandas-me pregar o Evangelho para a Macedônia e deixas que isto aconteça?" Paulo não se queixou. Pelo contrário, Paulo e Silas, à meia noite, ofereceram um SACRIFÍCIO DE LOUVOR a Deus e, por isso, Deus fez um milagre na vida deles.

O Sacrifício de Louvor abre um caminho onde não há caminho. O Sacrifício de Louvor abre portas da prisão em que o diabo, muitas vezes, prende as pessoas.

12.3.8 Oração de Argumentação com Deus

John Wesley dizia: "Deus já não pode fazer nada pela humanidade, a não ser que alguém Lho peça".

Por que isso acontece? Porque a terra já não é de Deus. Adão foi criado para dominar neste mundo. Todavia, ele cometeu alta traição e se entregou ao diabo. Assim, o diabo se transformou no deus (rei) deste mundo (2 Coríntios 4.4).

Mas, Deus o Pai salvou a humanidade através de Jesus Cristo. Assim, todos os poderes, antes concedidos ao homem, foram reconquistados através de Jesus Cristo. Agora, quando pedimos algo a Deus, Ele move-se em nosso favor. Daí que, às vezes, até parece que Ele não pode fazer nada, a menos que alguém lhe peça que o faça. O próprio Deus diz no livro de Isaías:

Isaías 43.25-26 *Eu, eu mesmo, sou o que apago as tuas transgressões, por amor de mim, e dos teus pecados me não lembro. 26 Procura lembrar-me; entremos em juízo juntamente: apresenta as tuas razões, para te possa justificar.*

Abraão entendeu a maneira certa de orar - argumentou com Deus, no caso de Sodoma e Gomorra (Gênesis 18.23-25).

Moisés também argumentou o seu caso com Deus, quando Deus queria matar os judeus todos e começar tudo de novo, por causa do

CAPÍTULO 12. COMO ORAR

Bezerro de Ouro. Mas, Deus arrependeu-se.

Êxodo 32.9-11 *Disse mais o Senhor a Moisés: Tenho visto a este povo, e eis que é povo obstinado. 10 Agora, pois, deixa-me, que o meu furor se acenda contra eles, e os consuma: e eu farei de ti uma grande nação. 11 Porém, Moisés suplicou ao Senhor, seu Deus, e disse: Ó Senhor, porque se acende o teu furor contra o teu povo, que tu tiraste da terra do Egito, com grande força e com forte mão?*

"...Procura lembra-me..."(Isaías 43.26) - O que é que Deus está querendo dizer? Devemos lhe fazer lembrar das Suas Promessas quando oramos diante de Seu Trono. Advogue o seu caso com Deus como faria qualquer advogado defendendo um caso. Mas, lembre-se que argumentar não significa reclamar. Use o que está escrito - a Lei, a Palavra de Deus. Seja preciso. Use versículos que aleguem especificamente aquilo que você precisa. Quando nos chegamos a Deus fundamentados na Sua Palavra, nossa oração jamais perderá a sua autenticidade.

Capítulo 13

Como Testemunhar

Salmos 7.9 *Tenha já fim a malícia dos ímpios, mas estabeleça-se o justo; pois tu, ó justo Deus, provas o coração e a mente.*

Temos o dever de testemunhar de BOA MENTE = BOA INTENÇÃO ou VONTADE, porque Deus testa a nossa mente e o coração.

Filipenses 1.15 *Verdade é que também alguns pregam a Cristo por inveja e porfia, mas outros de boa mente.*

1 Coríntios 9.17 *E, por isso, se o faço de boa mente, terei prêmio; mas, se de má vontade, apenas uma dispensação me é confiada.*

O nosso testemunho tem que ser sempre de coração puro e boa mente:

Colossenses 4.3-6 *Orando também juntamente por nós, para que Deus nos abra a porta da palavra, a fim de falarmos do mistério de Cristo, pelo qual estou também preso; 4 para que o manifeste, COMO ME CONVÉM FALAR. 5 Andai com sabedoria para com os que estão de fora, remindo o tempo. 6 A VOSSA PALAVRA SEJA SEMPRE*

CAPÍTULO 13. COMO TESTEMUNHAR

AGRADÁVEL, TEMPERADA COM SAL, para que saibais como vos convém responder a cada um.

Será que conseguimos testemunhar de boa vontade? Sempre aprendi que, se Deus nos pede, é porque conseguimos fazer:

1 Coríntios 2.16 *...nós temos a mente de Cristo.*

Claro que sim! Nós temos a mente d'Ele! Está em suas mãos escolher onde ocupar a sua mente: com trevas ou com sabedoria. Dependendo da quantidade de tempo que envolver a sua mente (seus pensamentos), com inspiração dos seus sentidos (carne) ou com a Palavra de Deus, aquilo com que você se encher irá determinar quem o governará: o diabo ou Deus. Faça a escolha certa, DEUS!!

Gálatas 5.16,17 *Digo, porém: Andai em Espírito e não cumprireis a concupiscência da carne. 17 Porque a carne cobiça contra o Espírito, e o Espírito, contra a carne; e estes opõem-se um ao outro; para que não façais o que quereis.*

Ande no Espírito para que possa testemunhar:

Actos 1.8 *Ser-me-eis testemunhas, tanto em Jerusalém como em toda a Judéia e Samaria, e até aos confins da terra.*

Testemunha é alguém que fala da própria experiência com Deus, prega o seu testemunho acerca do que Deus fez e do que irá fazer. Fomos chamados para testemunhar acerca de Jesus, mas só poderemos pregar o Jesus que conhecemos. Por isso, temos de O conhecer profundamente, para que o Evangelho seja pregado na íntegra e não apenas seja uma boa história ou opinião.

O testemunho também tem um vínculo com o amor. Quando nós amamos uma pessoa, estamos sempre falando dessa pessoa, e falamos bem dela. É exatamente igual quando testemunhamos de Jesus e falamos do Seu sacrifício e obra.

CAPÍTULO 13. COMO TESTEMUNHAR

Jesus disse o seguinte:

Marcos 16.15 *Ide por todo o mundo, pregai o evangelho a toda criatura.*

O que isto significa? Significa que todos nós temos o chamado de compartilhar a Cristo, no nosso dia-a-dia, no trabalho, em casa, na escola, a alguém que está passando por problemas, e assim seremos verdadeiros discípulos de Jesus Cristo, seguindo as pisadas d'Ele e servindo-O melhor a cada dia.

CAPÍTULO 13. COMO TESTEMUNHAR

Capítulo 14

A Redenção

Neste capítulo, vamos tratar de algo que é central em todo o Cristianismo e que é vital para todo o Cristão: o que é a Redenção.

Redenção não é só quando a pessoa pensa que foi remida e pronto, mas é também ter revelado no seu íntimo que está salva e redimida pelo Deus Altíssimo através do sacrifício máximo de Jesus na Cruz, pelo derramamento do Seu sangue puro e inocente.

A expressão redenção origina-se do ato de soltura de um escravo, que ocorria no primeiro século, mediante o pagamento de um preço. A palavra foi emprestada pelos cristãos da Igreja primitiva para designar a libertação da escravidão do pecado por meio da obra redentora de Jesus Cristo.

A Bíblia diz que podemos saber que passamos da morte para a vida:

1 João 3.14 *Nós sabemos que passamos da morte para a vida.*

Hebreus 9.22 *E quase todas as coisas, segundo a lei, se purifi-*

CAPÍTULO 14. A REDENÇÃO

cam com sangue; e SEM DERRAMAMENTO DE SANGUE NÃO HÁ REMISSÃO.

1 João 1.7 *Mas, se andarmos na luz, como ele na luz está, temos comunhão uns com os outros, e o SANGUE DE JESUS CRISTO, seu Filho, NOS PURIFICA DE TODO O PECADO.*

1 Pedro 1.18-23 *Sabendo que não foi com coisas corruptíveis, como prata ou ouro, que fostes resgatados da vossa vã maneira de viver que por tradição recebestes dos vossos pais, 19 Mas COM O PRECIOSO SANGUE DE CRISTO, COMO DE UM CORDEIRO IMACULADO E INCONTAMINADO, 20 O qual, na verdade, em outro tempo foi conhecido, ainda antes da fundação do mundo, mas manifestado nestes últimos tempos por amor de vós; 21 E por ele credes em Deus, que o ressuscitou dentre os mortos, e lhe deu glória, para que a vossa fé e esperança estivessem em Deus; 22 PURIFICANDO AS VOSSAS ALMAS PELO ESPÍRITO NA OBEDIÊNCIA À VERDADE, para o amor fraternal, não fingido; amai-vos ardentemente uns aos outros com um coração puro; 23 SENDO DE NOVO GERADOS, não de semente corruptível, MAS DA INCORRUPTÍVEL, PELA PALAVRA DE DEUS, viva, e que permanece para sempre.*

Esta obra de purificação pelo sangue da remissão (sangue de Jesus) foi central para podermos de novo estarmos limpos, sem mácula (mancha) diante de Deus. Deus lançou os nossos pecados fora, no dia em que recebemos Cristo em nossas vidas.

Além disso, a nossa posição passa a ser de purificação de todo o pecado e imundície. O que significa isso? Significa que não importa o que você tenha feito antes de receber Jesus Cristo como Seu Senhor e Salvador. Tudo foi jogado no fundo dos oceanos, assim como diz a promessa:

Miquéias 7.19 *Tornará a apiedar-se de nós, subjugará as nossas iniquidades e LANÇARÁ TODOS OS NOSSOS PECADOS NAS PROFUNDEZAS DO MAR.*

CAPÍTULO 14. A REDENÇÃO

Que interessante! Deus já tinha informado a Humanidade, através do profeta Miquéias, que iria arranjar um caminho para lançar todos os nossos pecados fora da Sua Presença. Ele já tinha esse desejo de quebrar a inimizade entre a Humanidade e Ele, por causa do pecado, e rasgar os registros que nos eram eram contrários:

Colossenses 2.13-15 *E, quando vós estáveis mortos nos pecados e na incircuncisão da vossa carne, vos vivificou juntamente com ele, perdoando- vos todas as ofensas, 14 HAVENDO RISCADO A CÉDULA QUE ERA CONTRA NÓS NAS SUAS ORDENANÇAS, a qual de alguma maneira nos era contrária, e A TIROU DO MEIO DE NÓS, CRAVANDO- A NA CRUZ. 15 E, despojando os principados e potestades, os expôs publicamente e deles triunfou em si mesmo.*

Não só Deus eliminou a nossa condenação, que era justa, aceitando como nosso substituto Jesus Cristo, como também os nossos inimigos foram derrotados no mesmo dia. Todos os poderes das trevas foram consequentemente derrotados e nós, hoje, com a autoridade que temos em Cristo, podemos também dominar sobre tais forças e poderes.

Nossa salvação foi realmente maravilhosa e completa! Assim, aprendemos que Deus não salva só cinquenta por cento. Tudo o que Deus faz, Ele faz por completo e nossa Salvação foi completa! Hoje verdadeiramente somos livres:

1 Timóteo 1.15 *Esta é uma palavra fiel e digna de toda aceitação: que Cristo Jesus veio ao mundo, para salvar os pecadores...*

João 3.14-17 *... Porque Deus enviou o seu Filho ao mundo não para que condenasse o mundo, mas para que o mundo fosse salvo por ele...*

Atos 2.21...*todo aquele que invocar o nome do Senhor será salvo.*

Que maravilha! A partir do dia da morte e ressureição de Jesus, se invocarmos o Seu nome, Ele se faz presente para nos lavar de nossos

CAPÍTULO 14. A REDENÇÃO

pecados e nos restaurar, colocando-nos numa posição de autoridade em Cristo Jesus.

Capítulo 15

Nascer de novo

A conversa entre Jesus e Nicodemos, que era um homem experiente na Lei, foi uma das mais reveladoras sobre a necessidade de redenção do Homem. Nicodemos, homem conhecedor das escrituras não entendeu à primeira vista quando Jesus lhe revelou essa necessidade. Jesus lhe disse que precisaria nascer de Novo. E ele indagou o que significava nascer de novo, temos que voltar ao ventre de nossas mães?

João 3.7,16,17 ...*Necessário vos é nascer de novo...16 Porque Deus amou o mundo de tal maneira que deu o seu Filho unigênito, para que todo aquele que nele crê não pereça, mas tenha a vida eterna. 17 Porque Deus enviou o seu Filho ao mundo NÃO PARA QUE CONDENASSE O MUNDO, mas PARA QUE O MUNDO FOSSE SALVO POR ELE.*

Jesus falava de um nascimento espiritual, de uma obra divina no coração do Homem, quando recebemos Jesus em nossas vidas. De fato, é o milagre de recriar um espírito limpo e puro diante de Deus. Por esse motivo, a Bíblia nos ensina que não nascemos de novo por vontade da carne (relação entre homem e mulher), mas nascemos de novo por conta de Deus, que nos redime da escravidão do pecado por meio da obra redentora de Jesus Cristo.

15.1 O que acontece quando nascemos de Novo

Vejamos agora o que o João escreve, dizendo que nos foi dado um poder tremendo de também sermos chamados de filhos de Deus. Essa é uma afirmação que transformou este mundo para sempre, porque agora temos um caminho para Deus e podemos também chamar Deus de nosso Pai:

João 1.12 *Mas já todos quantos o receberam deu-lhes o poder de serem feitos filhos de Deus: aos que crêem no seu nome.*

Salmos 103.3, 12 *É ele que PERDOA TODAS AS TUAS INIQUIDADES e sara todas as tuas enfermidades...12 QUANTO ESTÁ LONGE O ORIENTE DO OCIDENTE, ASSIM AFASTA DE NÓS AS NOSSAS TRANSGRESSÕES.*

Isaías 43.25 *Eu, Eu mesmo, sou O que apaga as tuas transgressões por amor de mim E DOS TEUS PECADOS ME NÃO LEMBRO.*

Que Deus maravilhoso nós temos, que retirou do meio de nós o pecado de forma que Ele não se lembra mais deles. E se ele não se lembra mais deles, por que você continua pensando em seus erros do passado? Não leve diante de Deus o que Deus já esqueceu. Esqueça as coisas que para trás ficaram e avance para as que estão adiante de ti.

15.2 Uma Nova Vida Espiritual

Essa nova vida espiritual, quando iniciada, é perceptível, porque uma paz divina inunda o coração da pessoa. Na verdade, isso acontece por

CAPÍTULO 15. NASCER DE NOVO

duas razões:

2 Coríntios 5.17, 21 *Assim que, se alguém está em Cristo, NOVA CRIATURA É: as coisas velhas já passaram; eis que tudo se fez novo... 21 Àquele que não conheceu pecado, o fez pecado por nós; para que,* NELE, FÔSSEMOS FEITOS JUSTIÇA DE DEUS.

Somos feitos de novo espiritualmente, ficamos santos e puros diante de Deus e a Justiça de Deus, pela graça, entra nas nossas vidas. E aqui é preciso entender que ficamos justos, não porque merecemos, mas porque cremos que Deus nos encheu de Sua justiça.

Lembre-se: você é justo porque Deus o fez justo, portanto, ignore aqueles que sempre vem lhe lembrar do seu passado, que não existe mais. O velho Homem morreu, eis que Deus fez tudo novo na sua vida, para que haja um recomeço. Deus lhe deu uma outra chance de corrigir o que até agora não ia tão bem.

Deus fez ainda mais nesta maravilhosa redenção. Ele tornou você num Sacerdote Real ou numa Sacerdotisa, para ser Seu e Sua representante aqui na Terra e, agora, você pertence ao Reino de Deus, à Sua Nação Santa e ao Povo redimido por Ele:

1 Pedro 2.4-10 *E, chegando-vos para ele, pedra viva, reprovada, na verdade, pelos homens, mas para com Deus eleita e preciosa, 5 Vós também, como pedras vivas, sois edificados casa espiritual e sacerdócio santo, para oferecer sacrifícios espirituais agradáveis a Deus por Jesus Cristo. 6 Por isso também na Escritura se contém: Eis que ponho em Sião a pedra principal da esquina, eleita e preciosa; E quem nela crer não será confundido. 7 E assim para vós, os que credes, é preciosa, mas, para os rebeldes, A pedra que os edificadores reprovaram, Essa foi a principal da esquina, 8 E uma pedra de tropeço e rocha de escândalo, 9* MAS VÓS SOIS A GERAÇÃO ELEITA, O SACERDÓCIO REAL, A NAÇÃO SANTA, O POVO ADQUIRIDO, *para que anuncieis as virtudes daquele que vos chamou das trevas para a sua maravilhosa luz; 10 Vós, que em outro tempo não éreis povo, mas agora sois povo*

CAPÍTULO 15. NASCER DE NOVO

de Deus; que não tínheis alcançado misericórdia, mas AGORA ALCANÇASTES MISERICÓRDIA.

Tudo foi feito por Sua Misericórdia e não porque merecíamos. Seja você também misericordioso com os que o rodeiam, sendo imitador de Deus e digno herdeiro da Vida Eterna, a vida mais que abundante que Deus preparou para si:

João 10.10 *O ladrão não vem senão a roubar, a matar e a destruir; eu vim para que tenham vida e a tenham com abundância.*

Capítulo 16

Como saber que estamos Salvos

Romanos 10.9 *Se, com a tua boca, confessares ao Senhor Jesus e, em teu coração, creres que Deus o ressuscitou dos mortos, serás salvo.*

Marcos 16.16 *Quem crer e for batizado será salvo; mas quem não crer será condenado.*

Salvação acontece quando ouvimos a Palavra sobre o que Cristo fez por nós, cremos nela e pedimos a Ele que nos salve. Simples! Todo o mundo pode fazer isso, não precisa de ter nada, dar nada, se sacrificar ou fazer absolutamente nada. Salvação é de graça, é por amor, apenas Deus decidiu nos salvar. Que maravilha! Não podemos perder tão grande graça,

Como, então, sabemos que realmente estamos salvos, aptos a confessar o Senhor Jesus como nosso Senhor e Salvador?

Romanos 8.11-17 *E, se o Espírito daquele que dentre os mortos ressuscitou a Jesus habita em vós, aquele que dentre os mortos*

CAPÍTULO 16. COMO SABER QUE ESTAMOS SALVOS

ressuscitou a Cristo também vivificará os vossos corpos mortais, pelo seu Espírito que em vós habita. 12 De maneira que, irmãos, somos devedores, não à carne para viver segundo a carne. 13 Porque, se viverdes segundo a carne, morrereis; mas, se pelo Espírito mortificardes as obras do corpo, vivereis. 14 PORQUE TODOS OS QUE SÃO GUIADOS PELO ESPÍRITO DE DEUS, ESSES SÃO FILHOS DE DEUS. 15 Porque não recebestes o espírito de escravidão, para outra vez estardes em temor, mas recebestes o Espírito de adoção de filhos, pelo qual clamamos: Aba, Pai. 16 O mesmo ESPÍRITO TESTIFICA COM O NOSSO ESPÍRITO QUE SOMOS FILHOS DE DEUS. 17 E, se nós somos filhos, somos logo herdeiros também, herdeiros de Deus, e co-herdeiros de Cristo: se é certo que com ele padecemos, para que também com ele sejamos glorificados.

O Espírito de Deus faz esse trabalho. Chama-se a isso testemunho interior. Pela fé na Palavra de Deus e no Plano de Salvação de Deus, o Espírito Santo nos convence, confirmando que esta Palavra é verdadeira.

Provavelmente, Ele está fazendo isso consigo agora, enquanto lê estas linhas. Em seu coração você tem a certeza disso, pelo poder do Espírito Santo em si. Quando isto acontece você fica, inclusive, selado para a Vida Eterna:

Efésios 1.13,14 *...em quem também vós estais, depois que ouvistes a palavra da verdade, o evangelho da vossa salvação; e, tendo nele também crido, FOSTES SELADOS COM O ESPÍRITO SANTO DA PROMESSA; 14 O QUAL É O PENHOR DA NOSSA HERANÇA, PARA REDENÇÃO DA POSSESSÃO DE DEUS, para louvor da sua glória.*

Aqui está claro que o Espírito Santo é o penhor. O que isso significa? Penhor é um conceito jurídico que significa uma garantia real de uma obrigação. Também pode ser um sinônimo de garantia ou segurança. Portanto, o Espírito de Deus é a Segurança, a prova e garantia que você herdou o Reino de Deus, Sua Justiça e Vida Eterna.

CAPÍTULO 16. COMO SABER QUE ESTAMOS SALVOS

Aleluia!

CAPÍTULO 16. COMO SABER QUE ESTAMOS SALVOS

Capítulo 17

Passos para a Salvação

Romanos 3.23 *Porque todos pecaram pe destituídos estão da glória de Deus.*

2 Coríntios 7.10 *Porque a tristeza segundo Deus opera arrependimento para a salvação, da qual ninguém se arrepende; mas a tristeza do mundo opera a morte.*

1 João 1.8,9 *Se confessarmos os nossos pecados, ele é fiel e justo para nos perdoar os pecados e nos purificar de toda injustiça.*

Provérbios 28.13 *O que encobre as suas transgressões nunca prosperará; mas o que as confessa e deixa alcançará misericórdia.*

Mateus 10.32 *Portanto, qualquer que me confessar diante dos homens, eu o confessarei diante de meu Pai, que está nos céus.*

Romanos 10.9 *Se, com a tua boca, confessares ao Senhor Jesus e, em teu coração, creres que Deus o ressuscitou dos mortos, serás salvo.*

CAPÍTULO 17. PASSOS PARA A SALVAÇÃO

O processo de Salvação acontece quando entendemos que estamos separados de Deus e precisamos voltar para Ele. Isso nos traz uma tristeza divina, que opera o nosso arrependimento para a Salvação. De seguida, nasce o desejo de querermos verdadeiramente confessar Jesus com nossa boca, crendo em nosso coração e, quando isso acontece, a Salvação é gerada em nossas vidas. Simples assim!

Capítulo 18

A Graça de Deus

1 Coríntios 1.7,8 *De maneira que nenhum dom vos falta, esperando a manifestação de nosso Senhor Jesus Cristo, 8 O QUAL VOS CONFIRMARÁ também até ao fim, para serdes irrepreensíveis no dia de nosso Senhor Jesus Cristo.*

Aqui vimos claramente que quem faz a confirmação é o próprio Deus.

Deus nunca nos abandona, assim como um pai a um filho. Quando a criança sai para passear é o pai que o agarra pela mão do filho e não o filho que agarra a mão do pai.

A Bíblia diz isso também:

Isaías 41.13 *Porque EU, o Senhor teu Deus, TE TOMO PELA TUA MÃO DIREITA; e te digo: Não temas, eu te ajudo.*

Por outra palavras, é Deus que nos permite sermos eficazes no Reino dos Céus. Temos que entender que apenas somos portadores e despenseiros de Deus, é Ele quem na realidade faz a Sua Obra avançar.

CAPÍTULO 18. A GRAÇA DE DEUS

É pela Sua Graça infinita e eterna que somos primeiramente salvos e depois nos tornamos instrumentos em Suas mãos. E ninguém nos pode tirar das Suas mãos.

Jesus falou acerca deste assunto no livro de João:

João 10.27-29 *As minhas ovelhas ouvem a minha voz, e eu conheço-as, e elas me seguem; 28 E dou-lhes a vida eterna, e nunca hão de perecer, e ninguém as arrebatará da minha mão. 29 Meu Pai, que mas deu, é maior do que todos; E NINGUÉM PODE ARREBATÁ-LAS DA MÃO DE MEU PAI.*

A não ser que o Cristão conheça a Graça de Deus e o Seu Amor, medo e condenação nunca desaparecerão. Estaremos sempre condenados quando pecamos. Temos que entender que não fizemos nada para termos direito à Salvação e também não temos que exercer nenhum esforço para permanecermos salvos, é Deus que opera tudo em todos. A nossa única função é nos livrar de tudo o que possa impedir que a unção de Deus flua em nossas vidas.

Para tal, temos que pedir a Deus que desfaça os nossos instintos da carne, porque a carne luta contra as coisas do espírito:

Romanos 8.1, 4-6, 9, 13 *...NENHUMA CONDENAÇÃO HÁ PARA OS QUE ESTÃO EM CRISTO JESUS, que não andam segundo a carne, mas segundo o Espírito. 4 Para que a justiça da lei se cumprisse em nós, que não andamos segundo a carne, mas segundo o Espírito. 5 Porque os que são segundo a carne inclinam-se para as coisas da carne; mas os que são segundo o Espírito para as coisas do Espírito. 6 Porque a inclinação da carne é morte; mas a inclinação do Espírito é vida e paz. 9 Vós, porém, não estais na carne, mas no Espírito, se é que o Espírito de Deus habita em vós. Mas, se alguém não tem o Espírito de Cristo, esse tal não é dele. 13 Porque, se viverdes segundo a carne, morrereis; MAS, SE PELO ESPÍRITO MORTIFICARDES AS OBRAS DO CORPO, VIVEREIS.*

CAPÍTULO 18. A GRAÇA DE DEUS

O poder da carne é o único poder que nos pode afastar da Graça de Deus. Quem está na carne não pode usufruir da tremenda benção que é viver com a presença de Deus na vida.

Se em determinada altura não formos tocados por essa Graça, nunca saberemos o que é viver no espírito e nunca viveremos a paz, a saúde, a alegria e a vida que existe quando nos tornamos homens e mulheres espirituais em Cristo.

Importante é salientar que não temos que fazer nada para obter esta Graça, apenas temos que dobrar os nossos joelhos diante do Altíssimo e pedir que Ele arranque de nós o poder e as tendências da carne, porque sozinhos não seremos capazes.

Quando reconhecemos as nossas limitações enquanto andamos na carne e as assumimos diante de Deus, Ele vai nos tocar com a Sua Graça, limpando-nos de toda a impureza e obra da carne e não mais viveremos debaixo desse julgo, mas sim, debaixo do poder do Espírito. É aí que poderemos experimentar qual é a boa e agradável vontade de Deus, saindo da posição de opressão e de condenação.

Gálatas 5.16,17 *Digo, porém:* ANDAI EM ESPÍRITO, E NÃO CUMPRIREIS A CONCUPISCÊNCIA DA CARNE. *17 Porque a carne cobiça contra o Espírito, e o Espírito contra a carne; e estes opõem-se um ao outro,* PARA QUE NÃO FAÇAIS O QUE QUEREIS.

A carne leva o homem a fazer o que não quer, ou seja, se não andarmos no espírito, Deus não pode derramar da Sua Graça, capacitando-nos a vencer a carne. Desse modo, não poderemos fazer o que é agradável aos olhos de Deus. Mas, ao pedirmos a Deus, em oração, que mortifique as obras da carne na nossa vida, Ele pega na nossa mão e nos leva aos lugares espirituais para experimentarmos a Sua Vida Eterna manifestada na nossa carne, através de Cristo Jesus. Na verdade, pode-se dizer que a vida espiritual de Deus dominará, assim, o poder da carne.

CAPÍTULO 18. A GRAÇA DE DEUS

Gálatas 6.8 *Porque o que semeia na sua carne, da carne ceifará a corrupção; mas o que semeia no Espírito, DO ESPÍRITO CEIFARÁ A VIDA ETERNA.*

1 Pedro 4.6 *Porque por isto foi pregado o evangelho também aos mortos, para que, na verdade, FOSSEM JULGADOS SEGUNDO OS HOMENS NA CARNE, MAS VIVESSEM SEGUNDO DEUS EM ESPÍRITO.*

A carne tem que ser julgada e morta, para que o Espírito de Deus tenha livre curso na nossa vida. A verdade é esta, Deus já fez isso! Quando a carne de Jesus foi desfeita, a nossa carne foi desfeita, quando ele morreu, nós morremos com Ele. Apenas temos que receber essa benção através da oração, pedindo a Deus que manisfete na nossa vida o que Jesus já providenciou para nós.

Como podemos experimentar essa Graça tremenda que está à nossa disposição?

2 Pedro 1.3 *Visto como o seu divino poder nos deu tudo o que diz respeito à vida e piedade, PELO CONHECIMENTO DAQUELE QUE NOS CHAMOU PELA SUA GLÓRIA E VIRTUDE.*

O conhecimento da pessoa de Jesus vai trazer tudo o que Ele conquistou naquela Cruz e, por conseguinte, a Sua Graça Divina e Perdão virão sobre a nossa vida. É, portanto, um relacionamento que temos que ter com Jesus.

Nosso pensamento tem que ser o seguinte: Eu não O sirvo porque tenho medo de ir parar ao inferno, eu O sirvo porque Ele me tocou, dando-me a conhecer a Sua Graça e favor, que eu não merecia. Eu O busco porque O amo, para O conhecer cada vez mais.

Neste processo de conhecimento, cada vez mais e mais, vamos experimentando a Graça e mais e mais nós O agradamos. É um processo contínuo durante toda a nossa vida.

CAPÍTULO 18. A GRAÇA DE DEUS

Eu não conheço uma pessoa porque a vejo passar na rua ou porque tenho uma conversa com ela. O conhecimento dessa pessoa vem pelas muitas conversas e diária interação. O mesmo acontece com Jesus, é através da oração diária, comunhão com a Palavra de Deus e exercendo o meu ministério, que o meu conhecimento acerca de Jesus vai aumentando. E, quando isso acontece, podemos esperar enorme Graça na nossa vida.

Certa vez, Paulo estava sendo instigado por um demônio (espinho na carne) para que o seu orgulho não se exaltasse, dado o tremendo poder que era manifesto no seu ministério. E Deus lhe falou algo que nos clarifica, ou seja, que é através da Graça que a unção de Deus em nós se torna viva, eficaz e poderosa.

2 Coríntios 12.9 *E disse-me: A MINHA GRAÇA TE BASTA, porque o meu poder se aperfeiçoa na fraqueza. De boa vontade, pois, me gloriarei nas minhas fraquezas, PARA QUE EM MIM HABITE O PODER DE CRISTO.*

A Graça de Deus é mais que suficiente para a nossa vida, não precisamos ajudar a Deus no Seu trabalho de salvar a Humanidade. Apenas temos que ser humildes e dizer-lhe:

"Deus, sozinho não sou capaz de sair da carne, mas com a Tua Graça sobre mim, com a Tua presença na minha vida, não dependo mais da minha força, carnal e humana, mas sim do Teu Espírito. Não importa se estou forte ou fraco, apenas sei que na Tua Graça, minha força nunca se esgota. E aí posso dizer: tudo posso naquele que me fortalece!"

Necessitamos da Sua Graça na nossa vida, sem ela somos como a erva, que nasce, cresce e more. Temos que reconhecer e admitir os nossos fracassos diante de Deus e Ele derramará o Seu perdão através da Sua Graça, porque Deus é muito bom.

Temos que crescer na Graça de Deus diariamente para que expe-

CAPÍTULO 18. A GRAÇA DE DEUS

rimentemos grande abundância nas nossa vidas.

2 Pedro 3.18 *Antes CRESCEI NA GRAÇA E CONHECIMENTO de nosso Senhor e Salvador, Jesus Cristo.*

Como disse, isto é um processo. Essa Graça vai crescendo quando o nosso eu vai decrescendo. Ela vai crescendo quando cada vez mais é Ele em nós e não mais nós sozinhos. Ela cresce quando eu diminuo. Quando eu digo a Deus: "Dá-me mais de Ti porque sedento estou da Tua presença, enche o meu coração com o Teu conhecimento, gravando-o no meu íntimo. O meu coração é Teu, o meu amor é Teu, ajuda-me e fortalece-me para que seja dada Glória ao Teu Nome."

Estou a lembrar-me da história daquela prostituta que foi achada no próprio ato de adultério, e os sacerdotes trouxeram-na a Jesus, perguntando se cumpriam a lei dada a Moisés, que seria apedrejá-la até à morte ou não.

Obviamente era uma armadilha. Se Jesus dissesse que sim, eles diriam: "até Jesus reconhece que nós somos cumpridores da Lei."Se Jesus dissesse que não, eles diriam que ele era mais um herege contra a lei de Deus.

Mas Jesus libertou a Sua Graça, respondendo da seguinte maneira:

João 8.11 *E ela disse: Ninguém, Senhor. E disse-lhe Jesus: NEM EU TAMBÉM TE CONDENO; VAI-TE, E NÃO PEQUES MAIS.*

Temos que lembrar que Jesus é o filho do Deus Vivo. Ele era Deus em ação neste mundo. E Ele sempre se compadece pela pessoa em necessidade, seja ela quem for, ajudando-a a recuperar o que quer que tenha perdido na vida. Jesus é o único instrumento que Deus usa para Se manifestar. Jesus é a exata imagem do Altíssimo, a revelação celestial de Deus habitando num corpo, ninguém o pode substituir.

João 1.18 *Deus nunca foi visto por alguém. O Filho unigênito,* *que está no seio do Pai, esse o revelou.*

João 5.19 *Mas Jesus respondeu, e disse-lhes: Na verdade, na verdade vos digo que o Filho por si mesmo não pode fazer coisa alguma, se o não vir fazer o Pai; PORQUE TUDO QUANTO ELE FAZ, O FILHO O FAZ IGUALMENTE.*

João 5.30 *Eu não posso de mim mesmo fazer coisa alguma. Como ouço, assim julgo; e o meu juízo é justo, porque não busco a minha vontade, MAS A VONTADE DO PAI QUE ME ENVIOU.*

Então, se Jesus não condenou aquela mulher, Deus o Pai também não vai condenar ninguém, quando essa pessoa pedir perdão a Deus pelas obras da carne, os seus pecados. Deus sabe que esse poder está em operação e só Ele nos pode livrar. Por isso, Ele não rejeita ninguém que vá a Ele com sinceridade, inteireza de coração e com fé que o que Ele diz, Ele também é poderoso para fazer.

Hoje, é a mesma coisa, pela fé temos acesso à mesma Graça e Poder para nos vivificar em Cristo Jesus. Porque Deus nunca muda as Suas palavras ou ações.

Mateus 24.35 *O céu e a terra passarão, mas as minhas palavras não hão de passar.*

Como sabemos, aquela mulher nunca mais voltou a pecar. Ela foi tocada pela Graça de Deus. Ela conheceu e entendeu o quanto Deus é misericordioso. Jesus não era para ela mais um homem normal, mas sim o seu Senhor e Redentor.

Essa é a grande mudança que tem que existir no nosso coração quando somos tocados pela Sua Graça. Ele não é mais um profeta, ou um bom homem, etc. Ele é o nosso Senhor, o nosso Redentor. Quando entendemos a Sua Graça, tudo muda em nossa vida.

Filipenses 2.12,13 *De sorte que, meus amados, assim como*

CAPÍTULO 18. A GRAÇA DE DEUS

sempre obedecestes, não só na minha presença, mas muito mais agora na minha ausência, assim também operai a vossa salvação com temor e tremor; 13 Porque DEUS É O QUE OPERA EM VÓS TANTO O QUERER COMO O EFETUAR, SEGUNDO A SUA BOA VONTADE.

Nunca tomemos o controle das nossas vidas de volta. Vamos dizer com mais frequência: "Que seja feita a Tua vontade e não a minha, fala Senhor que o teu servo ouve, eis-me aqui Senhor, envia-me, usa-me, para fazer a Tua obra, que não viva mais eu, mas Cristo viva através de mim".

Temos que entender que nós somos os ramos e Cristo a videira. Temos que entender que ramos fora da videira secam, são queimados e para nada se aproveitam.

Lembremo-nos que somos ramos, porque Ele próprio nos fez ramos. Mais um exemplo da Sua Graça operando em nós. Se, pela Sua Graça, nos fez ramos, pela Sua Graça os frutos serão gerados. Sim! Os frutos. É Jesus também que manifesta os frutos do Espírito na nossa vida, quando estamos na videira. Não é mais pelas obras ou bons trabalhos.

Romanos 4.4,5 *Ora,* ÀQUELE QUE FAZ QUALQUER OBRA NÃO LHE É IMPUTADO O GALARDÃO SEGUNDO A GRAÇA, *mas segundo a dívida. 5 Mas,* ÀQUELE QUE NÃO PRATICA, MAS CRÊ *naquele que justifica o ímpio, a* SUA FÉ LHE É IMPUTADA COMO JUSTIÇA.

É pela Graça e pela fé n'Ele que obtemos galardão, e não pelas nossas muito boas obras ou pelas nossas grandes capacidades de execução. É por causa da presença d'Ele e da Sua Graça que o galardão vem. Isto é, cura vem, perdão vem, libertação dos poderes das trevas vem, mortificação da carne vem, vida no Espírito vem e, por fim, Salvação e Vida Eterna vêm.

CAPÍTULO 18. A GRAÇA DE DEUS

O Rei David conhecia bem esta verdade. Ele sabia que Deus era a sua própria vida e que dependia da Sua Graça. Ele sabia que, só com a Graça de Deus, ele poderia vencer a sua carne e os poderes de satanás. Custou-lhe um preço elevado aprender esta lição. Vamos ver qual foi a oração dele no Salmo 119:

17 FAZE BEM AO TEU SERVO, para que viva e observe a tua palavra.

18 ABRE TU OS MEUS OLHOS, para que veja as maravilhas da tua lei.

22 TIRA DE SOBRE MIM O OPRÓBRIO E O DESPREZO, pois guardei os teus testemunhos.

25 A minha alma está pegada ao pó; VIVIFICA-ME segundo a tua palavra.

26 Eu te contei os meus caminhos, e tu me ouviste; ENSINA-ME OS TEUS ESTATUTOS.

27 FAZE-ME ENTENDER O CAMINHO DOS TEUS PRECEITOS; assim falarei das tuas maravilhas.

29 DESVIA DE MIM O CAMINHO DA FALSIDADE, e concede-me piedosamente a tua lei.

32 Correrei pelo caminho dos teus mandamentos, QUANDO DILATARES O MEU CORAÇÃO.

33 ENSINA-ME, ó SENHOR, o caminho dos teus estatutos, e guardá-lo-ei até o fim.

34 DÁ-ME ENTENDIMENTO, e guardarei a tua lei, e observá-la-ei de todo o meu coração.

35 FAZE-ME ANDAR NA VEREDA DOS TEUS MANDAMEN-

TOS, porque nela tenho prazer.

36 INCLINA O MEU CORAÇÃO aos teus testemunhos, e não à cobiça.

37 DESVIA OS MEUS OLHOS DE CONTEMPLAREM A VAIDADE, e vivifica-me no teu caminho.

38 Confirma a tua palavra ao teu servo, que é dedicado ao teu temor.

39 DESVIA DE MIM O OPRÓBRIO que temo, pois os teus juízos são bons.

40 Eis que tenho desejado os teus preceitos; VIVIFICA-ME na tua justiça.

80 Seja reto o meu coração nos teus estatutos, para que não seja confundido.

116 SUSTENTA-ME conforme a tua palavra, para que viva, e não me deixes envergonhado da minha esperança.

117 SUSTENTA-ME, e serei salvo, e de contínuo terei respeito aos teus estatutos.

122 FICA POR FIADOR do teu servo para o bem; não deixes que os soberbos me oprimam.

133 ORDENA OS MEUS PASSOS NA TUA PALAVRA, e não se apodere de mim iniqüidade alguma.

176 Desgarrei-me como a ovelha perdida; BUSCA O TEU SERVO, pois não me esqueci dos teus mandamentos.

Agora, podemos entender melhor quando Paulo falou inúmeras vezes acerca de Deus ser Aquele que, na realidade, move a Igreja através de Jesus:

Colossenses 3.11,12 *Onde não há grego, nem judeu, circuncisão, nem incircuncisão, bárbaro, cita, servo ou livre; MAS CRISTO É TUDO EM TODOS. 12 Revesti-vos, pois, como eleitos de Deus, santos e amados, de entranhas de misericórdia, de benignidade, humildade, mansidão, longanimidade.*

1 Coríntios 12.6 *E há diversidade de operações, mas É O MESMO DEUS QUE OPERA TUDO EM TODOS.*

1 Coríntios 15.28 *E, quando todas as coisas lhe estiverem sujeitas, então também o mesmo Filho se sujeitará àquele que todas as coisas lhe sujeitou, PARA QUE DEUS SEJA TUDO EM TODOS.*

Efésios 1.19-23 *E qual a sobreexcelente grandeza do seu poder sobre nós, os que cremos, segundo a operação da força do seu poder, 20 Que manifestou em Cristo, ressuscitando-o dentre os mortos, e pondo-o à sua direita nos céus. 21 Acima de todo o principado, e poder, e potestade, e domínio, e de todo o nome que se nomeia, não só neste século, mas também no vindouro; 22 E sujeitou todas as coisas a seus pés, e sobre todas as coisas o constituiu como cabeça da igreja, 23 Que é o seu corpo, A PLENITUDE DAQUELE QUE CUMPRE TUDO EM TODOS.*

Somos mesmo um só corpo, unido, onde Deus é o único protagonista. Nunca se separe do corpo para ser um membro à parte deste, pois Deus usa duas varas para apascentar o Seu povo:

Zacarias 11.7 *Eu, pois, apascentei as ovelhas da matança, as pobres ovelhas do rebanho. Tomei para mim duas varas: a uma chamei GRAÇA, e à outra chamei UNIÃO; e apascentei as ovelhas.*

Deus quer um corpo unido e não desmembrado. Ao fazermos parte da Igreja, somos todos um só corpo, onde Cristo é a Cabeça. Assim, a eficácia do Reino dos Céus será incrementada tremendamente e os

CAPÍTULO 18. A GRAÇA DE DEUS

frutos serão em maior abundância. Com o corpo unido, cantando a uma só voz, movendo-se em uníssono, como uma noiva imaculada, veremos a glória de Deus engolir as trevas, conseguindo, desta forma, fazer do inferno um local deserto e vazio, e do Céu um local extremamente populado! A Deus toda a Honra e toda a Glória!

Louvado seja o Altíssimo pela Sua tão grande Salvação!

Capítulo 19

De quem é a autoridade?

Mateus 28.18 *E chegando Jesus, falou-lhes dizendo: É-me dado todo o poder no Céu e na terra.*

Um policial, como agente da lei, seja qual for o seu cargo ou função, exerce autoridade e também está sujeito a uma autoridade.

Ele exerce a autoridade que lhe é conferida pelo poder policial, através do sistema legal do país. O policial pode, então, sujeitar cidadãos transgressores à aplicação da lei de forma imediata, por exemplo.

Por outro lado, o policial está submetido à autoridade dos princípios e normas que regem o Estado Democrático de Direito, e à autoridade de seus superiores hierárquicos. Mas, acima de tudo, o policial está sob autoridade Divina, que rege a sua vida e a sua condição de homem da lei, em todos os momentos.

Assim como acontece com um policial, acontece também com qualquer outro cidadão, qualquer que seja. Todos estão sujeitos à autoridade e têm algum tipo de autoridade, como por exemplo: pais sobre os filhos; chefe sobre o empregado, etc.

CAPÍTULO 19. DE QUEM É A AUTORIDADE?

Jesus declarou que toda a autoridade e poder são d'Ele, quer nos Céus, quer na Terra. Esta verdade é sempre atual. No entanto, as pessoas que exercem autoridade nem sempre conhecem-na, pensando que, uma vez na posição de autoridade, essa posição é possessão adquirida.

Nem na família isso ocorre, porque mesmo com os filhos, apenas temos autoridade sobre eles durante um período, até que sejam maiores de idade.

Um policial, militar ou qualquer representante do Estado Democrático, seja Ministro, Presidente ou Secretário de Estado, apenas lhe é concedida essa autoridade enquanto exercer o cargo, depois termina. Ou seja, no final a autoridade volta para Deus, que é o titular e dono de toda a autoridade e o cabeça de tudo o que existe.

Na verdade, essa autoridade humana não é dada, mas, sim, confiada por um período de tempo por Deus. Deus não dá Sua autoridade a ninguém, mas sim a confia. O Homem é um DESPENSEIRO DE AUTORIDADE e não o dono da autoridade. Por esse motivo, todas as pessoas em autoridade devem zelar para que essa seja honrada e respeitada, fazendo todo o possível para que seja sempre usada em temor diante de Deus e dos Homens.

Um exemplo Bíblico:

João 19.10,11 *Disse-lhe, pois, Pilatos: Não me falas a mim? Não sabes tu que tenho poder para te crucificar e tenho poder para te soltar? 11 Respondeu Jesus: Nenhum poder terias contra mim, se de cima não te fosse dado; mas aquele que me entregou a ti maior pecado tem.*

É bastante interessante o que se vê explicitamente aqui: Jesus revelou a Pilatos que a autoridade lhe fora concedida e que não era sua. Por outras palavras, a autoridade é divina e Deus permite aos homens usá-la para governar esta Terra.

CAPÍTULO 19. DE QUEM É A AUTORIDADE?

Um outro segredo de autoridade é o seguinte: autoridade é aumentada quando nos submetemos à autoridade que está acima de nós. Quanto mais nos submetemos, mais autoridade temos. Quem não sabe obedecer, não sabe exercer autoridade, nem a poderá exercer nos padrões Divinos.

Em qualquer organização, empresa, família, clube desportivo, hospital, governo, etc., se as pessoas não souberem se submeter a autoridade dos chefes, pais, superiores, também não saberão exercer autoridade quando a tiverem. Quem não sabe obedecer tem dificuldade de exercer autoridade. Por isso, nenhum gestor de empresas ou de qualquer outra organização deveria contratar Gestores, Diretores, VPs, sem que estas pessoas tivessem passado por cargos inferiores e terem demonstrado obediência, porque o perigo de alguém liderar sem nunca ter sido liderado é muito grande para a organização.

Infelizmente, já constatei alguns casos muito desastrosos. A única razão é que quem lidera e nunca foi liderado não sabe dar valor aos seus liderados, porque não sabe o que isso significa. Por isso, eu gosto da definição de Jesus acerca do líder ou daquele que exerce autoridade. Jesus foi o próprio exemplo disso, ou seja, um líder é aquele que serve mais que todos os outros. Como alguém pode liderar se não sabe servir? Encare sempre a liderança como um ato de servir o próximo e, assim, as pessoas vão gostar sempre de você.

Vejamos mais uma vez o exemplo de Jesus:

1 Pedro 2.18-24 *Vós, servos, sujeitai-vos com todo o temor aos senhores, não somente aos bons e humanos, mas também aos maus. 19 Porque é coisa agradável, que alguém, por causa da consciência para com Deus, sofra agravos, padecendo injustamente. 20 Porque, que glória será essa, se, pecando, sois esbofeteados e sofreis? Mas se, fazendo o bem, sois afligidos e o sofreis, isso é agradável a Deus. 21 Porque para isto sois chamados; pois também Cristo padeceu por nós, deixando-nos o exemplo, para que sigais as suas pisadas. 22 O qual não cometeu pecado, nem na sua boca se achou engano. 23 O qual,*

CAPÍTULO 19. DE QUEM É A AUTORIDADE?

quando o injuriavam, não injuriava, e quando padecia não ameaçava, mas entregava-se àquele que julga justamente; 24 Levando ele mesmo em seu corpo os nossos pecados sobre o madeiro, para que, mortos para os pecados, pudéssemos viver para a justiça.

Como vemos, Jesus, apesar de ser injustiçado e maltratado, se sujeitou àquele que julga justamente, ou seja, ao seu superior (Deus, o Pai). E, por esse motivo, Ele foi exaltado acima de tudo e todos por Deus, e tornou-se O caminho de Deus para a Salvação da Humanidade.

Nós, homens de autoridade, policiais, militares, governadores, presidentes de empresas, diretores, enfim, também podemos ser um caminho criado por Deus para executar a Sua Verdade, Justiça, Ordem, Disciplina e Autoridade neste mundo, tendo sempre uma consciência pura e em paz para com Deus.

É muito fácil perceber que a autoridade é concedida porque não se pode negar que jamais o homem estará na mesma posição ou posto durante toda a sua vida e, depois, quando morre, não leva nem as medalhas, nem o distintivo, nem o uniforme, nem os diplomas, nem mesmo o seu corpo.

O princípio de autoridade e submissão, como vimos, é aprendido e recebido de Deus. Quando, por outro lado, é pervertido e usado com má fé pode criar efeitos devastadores em instituições, cidades, estados e nações. A observação desta verdade deve ser feita e carregada nos corações de todos aqueles que exercem autoridade, sabendo que todas as suas ações não estão ocultas d'Aquele com quem devemos tratar.

Hebreus 4.13 *E não há criatura alguma encoberta diante dele; antes todas as coisas estão nuas e patentes aos olhos daquele com quem temos de tratar.*

Por isso autoridade deve ser exercida em temor (respeito) diante de Deus e dos Homens zelando sempre pela verdade, justiça, equidade e amor pelo próximo. Autoridade é um assunto espiritual.

CAPÍTULO 19. DE QUEM É A AUTORIDADE?

Um outro exemplo Bíblico de uma situação contra a autoridade:

Números 12.1-10 *E falaram Miriã e Arão contra Moisés, por causa da mulher cusita, com quem casara; porquanto tinha casado com uma mulher cusita. 2 E disseram: Porventura falou o SENHOR somente por Moisés? Não falou também por nós? E o SENHOR o ouviu. 3 E era o homem Moisés mui manso, mais do que todos os homens que havia sobre a terra. 4 E logo o SENHOR disse a Moisés, a Arão e a Miriã: Vós três saí à tenda da congregação. E saíram eles três. 5 Então o SENHOR desceu na coluna de nuvem, e se pós à porta da tenda; depois chamou a Arão e a Miriã e ambos saíram. 6 E disse: Ouvi agora as minhas palavras; se entre vós houver profeta, eu, o SENHOR, em visão a ele me farei conhecer, ou em sonhos falarei com ele. 7 Não é assim com o meu servo Moisés que é fiel em toda a minha casa. 8 Boca a boca falo com ele, claramente e não por enigmas; pois ele vê a semelhança do SENHOR; por que, pois, não tivestes temor de falar contra o meu servo, contra Moisés? 9 Assim a ira do SENHOR contra eles se acendeu; e retirou-se. 10 E a nuvem se retirou de sobre a tenda; e eis que Miriã ficou leprosa como a neve; e olhou Arão para Miriã, e eis que estava leprosa.*

Aqui observamos o exemplo de Miriã que se moveu contra Moisés, o líder do Povo instituído por Deus. Interessante neste caso é ver a reação de Deus, que imediatamente se levantou contra os insurgentes, principalmente a líder, ao ponto dela ficar enferma na sua carne.

Este acontecimento tem uma lição para nós sobre autoridade. O fato dela ficar leprosa significa que ela cometeu uma infração aos olhos de Deus, ela não a cometeu contra Moisés, mas sim contra Deus. Porque, mais uma vez, a autoridade não é do Homem, mas sim está investida no Homem por Deus.

Autoridade é um assunto muito sério aos olhos de Deus, Ele jamais vai permitir que um insurgente contra autoridade fique impune, seja ele um homem de autoridade ou não.

CAPÍTULO 19. DE QUEM É A AUTORIDADE?

Vamos ver agora qual foi a reação de Moisés:

Números 12.11-15 *Por isso Arão disse a Moisés: Ai, senhor meu, não ponhas sobre nós este pecado, pois agimos loucamente, e temos pecado. 12 Ora, não seja ela como um morto, que saindo do ventre de sua mãe, a metade da sua carne já esteja consumida. 13 Clamou, pois, Moisés ao SENHOR, dizendo: Ó Deus, rogo-te que a cures. 14 E disse o SENHOR a Moisés: Se seu pai cuspira em seu rosto, não seria envergonhada sete dias? Esteja fechada sete dias fora do arraial, e depois a recolham. 15 Assim Miriã esteve fechada fora do arraial sete dias, e o povo não partiu, até que recolheram a Miriã.*

O líder em autoridade, Moisés, intercedeu a Deus por ela. Isto tem outra lição para nós: o líder deve amar os seus subordinados. Moisés sabia que a melhor base da autoridade é o amor.

Romanos 12.21 *Não te deixes vencer do mal, mas vence o mal com o bem.*

Se andarmos nestes princípios divinos sempre seremos protegidos por Deus no exercício das nossas funções. Deus nos colocará num alto retiro e como o salmista descreve:

Salmos 91.8,14-16 *Somente com os teus olhos olharás, e versa a recompensa dos ímpios. 14 Pois tão encarecidamente me amou também eu o livrarei: pô-lo-ei num alto retiro, porque conheceu o meu nome. 15 ele me invocará, e eu lhe responderei; estarei com ele na angústia; livrá-lo-ei e o glorificarei. 16 Dar-lhe-ei abundância de dias, e lhe mostrarei a minha salvação.*

Quão poderoso é quando estamos em autoridade e nos sujeitamos àquele ao qual tudo está sujeito. Como vimos anteriormente, Jesus também se sujeitou a Deus e por ter obedecido tornou-se o Senhor dos Senhores e o Rei dos Reis.

Sujeição é tão poderosa quanto autoridade e precisam uma da outra para sobreviverem. As duas formam uma perfeita harmonia que faz fluir a disciplina, a ordem e o poder divinos nas organizações, famílias, instituições, cidades, estados, países e no mundo. Se assim for, teremos um mundo muito melhor.

Como está escrito:

Tiago 4.7,10 *Sujeitai-vos pois a Deus, resisti ao diabo e ele fugirá de vós, 10 humilhai-vos perante o Senhor e ele vos exaltará.*

Façamos desta forma também.

Resumindo, a única autoridade que existe neste universo é a de Deus e Ele a concede ao Homem durante um determinado tempo para a executar com consciência pura e justa, tudo o que sair deste princípio terá graves consequências. Devemos estar sempre atentos a essas verdades de hoje, de ontem e de sempre para que possamos exercer a nossa autoridade em plenitude, conforme as leis dos homens e conforme as leis de Deus!

CAPÍTULO 19. DE QUEM É A AUTORIDADE?

Capítulo 20

Foque o seu Coração

Um dos piores perigos pelo qual a nossa vida passa, chama-se perda do foco, ou foco no local errado. Eu pessoalmente creio que, quando isso acontece, estamos sob a influência de um ou mais demônios.

Para melhor entendermos este fenômeno, temos que entender que toda a gerência da nossa vida se passa na nossa mente (alma). A Bíblia nos diz que a mente é uma das partes que constitui o Homem:

Tessalonicenses 5.23 *E o mesmo Deus de paz vos santifique em tudo; e todo o vosso ESPÍRITO, e ALMA, e CORPO, sejam plenamente conservados irrepreensíveis para a vinda de nosso Senhor Jesus Cristo.*

O Homem é, por assim dizer, uma trindade. Durante a nossa caminhada neste mundo teremos que nos salvaguardar de cair nesta cilada do diabo, para que cumpramos com sucesso toda a vontade de Deus para a nossa vida. Para que a bênção de Deus nos acompanhe durante a nossa passagem nesta Terra, precisamos, em tudo, estar focados em Jesus como autor e consumador da Fé. Ele é a causa de nós, Humanidade, termos acesso à Vida Eterna e em nenhum outro há

CAPÍTULO 20. FOQUE O SEU CORAÇÃO

Salvação, nem no céu, nem debaixo deste, existe outro nome pelo qual possamos ser salvos.

Atos 4.12 *E EM NENHUM OUTRO HÁ SALVAÇÃO, porque também debaixo do céu nenhum outro nome há, dado entre os homens pelo qual devamos ser salvos.*

Ele também é o único Deus que existe, apesar de existirem muitos candidatos para substituir o Senhor da vida e o Amor em pessoa. A Sua Palavra nos diz que não existe outro Deus senão Ele:

Deuteronômio 4.39 *Por isso hoje saberás, e refletirás no teu coração, que SÓ O SENHOR É DEUS, em cima no céu, e em baixo na terra; NENHUM OUTRO HÁ.*

Ele é o nosso exemplo em tudo. Por isso, devemos ocupar nossos pensamentos n'Ele, pois é o único Deus que livra e que trabalha em favor daquele que O serve.

No entanto, algumas pessoas, infelizmente, são enganadas pelo inimigo, sendo convencidas de que existem outros deuses alternativos. Satanás é exímio em criar caminhos falsos para confundir a mente e, consequentemente, o coração do Homem. Ele é mentiroso desde o início e quando mente, fala do que lhe é familiar e comum. Por esse motivo, temos que estar atentos a qualquer pensamento contrário à realidade de Cristo.

Vamos, então, entender como satanás nos desfoca:

João 13.2 *E, acabada a ceia, tendo já O DIABO POSTO NO CORAÇÃO DE JUDAS ISCARIOTES, filho de Simão, que o traísse.*

Como vemos aqui, quem coloca OS PENSAMENTOS DE DERROTA, TRAIÇÃO, DESISTÊNCIA, IRA, E OUTROS PENSAMENTOS DESTRUTIVOS no Homem é o diabo. Muitas vezes, quando temos pensamentos que envolvem zangas, iras, traições, guerras, desentendimentos, inveja, apontar de dedos, vaidade, desejos descontrolados, consultas ao oculto, entre outros, e que nos levam a sentir condenação, desprezo, desânimo, auto-compaixão, perda do domínio próprio, etc., a todo o tempo é satanás que está a produzir estes sentimentos e pensamentos, com o intuito de nos afastar de Deus.

Não podemos ignorar o fato de que, apesar de não podermos ver os espíritos malignos, eles existem e são tão reais como Deus é real. Eles, inclusivamente, têm poder sobrenatural para usar em favor dos seus objetivos.

1 Pedro 5.8 *Sede sóbrios; vigiai; porque o diabo, vosso adversário, anda em derredor, bramando como leão, BUSCANDO A QUEM POSSA TRAGAR.*

A Bíblia tem uma passagem onde Jesus expõe claramente os demônios e suas características:

Mateus 12.43-45 *E, quando o espírito imundo tem saído do homem, anda por lugares áridos, buscando repouso, e não o encontra. 44 Então diz: Voltarei para a minha casa, de onde saí. E, voltando, acha-a desocupada, varrida e adornada. 45 Então vai, e leva consigo outros sete espíritos piores do que ele, e, entrando, habitam ali; e são os últimos atos desse homem piores do que os primeiros. Assim acontecerá também a esta geração má.*

Podemos ver neste texto que os demônios são seres que desejam uma habitação, ou seja, um corpo. E quando são obrigados a sair do corpo humano que antes possuíam, eles sofrem muito percorrendo lugares secos e estéreis, que eu creio serem lugares onde nada acontece de bom, lugares tenebrosos, longe de Deus e do Seu amor, devido à maldição que paira sobre estes demônios desde que foram expulsos do céu (Ezequiel 28.13-19).

Também podemos ver aqui nesta passagem que os demônios sabem procurar, eles são excelentes examinadores de vidas. Eles exami-

CAPÍTULO 20. FOQUE O SEU CORAÇÃO

nam a vida da pessoa detalhadamente, a fim de tentarem achar uma entrada, um meio através do qual possam iniciar a sua atividade na vida da pessoa.

Existem três formas de entrada de satanás na vida de alguém: a visão, a audição e o olfato.

Visão - Os demônios levam a pessoa a ler livros, revistas, ver programas de televisão, filmes, imagens, onde se incita ódio, luxúria, bebida, drogas, crimes, violência, etc. Eles injetam na alma do Homem imagens que o levam a desejar e agir de formas que não dignificam o ser divino que é. Quando isto acontece, os demônios ganham o acesso a mais íntima fonte de vida: o coração ou espírito humano.

Provérbios 4.23 *Sobre tudo o que se deve guardar, GUARDA O TEU CORAÇÃO, porque DELE PROCEDEM AS SAÍDAS DA VIDA.*

Esse é sempre o alvo do diabo: cativar o coração ou espírito do Homem.

Vejamos agora a segunda forma pela qual satanás pode entrar:

Audição - Existem sons e batidas, normalmente repetitivas, que levam espíritos de todos os tipos a ter acesso à vida do ser humano. Algumas tribos indígenas, por exemplo, incluem nos seus ritos espirituais estes tipos de sons e batidas, que tornam-se músicas que abrem portas espirituais ao serem ouvidas e dançadas.

A terceira forma é o Olfato.

Olfato - Um dos cheiros mais usados é o do incenso. Demônios são atraídos quando pessoas usam incenso. É um dos mais sutis meios de que o diabo se utiliza. Existem outros cheiros, mas o mais comum é este que leva a pessoa a uma espécie de relaxamento mental.

2 Reis 17.11 *E QUEIMARAM ALI INCENSO em todos os altos, como as nações, que o SENHOR transportara (expulsara) de diante* *deles: E FIZERAM COISAS RUINS, PARA PROVOCAREM À IRA O SENHOR.*

Juntamente com a queima de incenso vemos que eles praticavam coisas ruins, com o objetivo de levar Deus a irar-se. Durante essas práticas, enquanto o povo queimava incenso os demônios aproveitavam para levar as pessoas a praticarem atos extremamente desagradáveis aos olhos de Deus.

Logo no verso a seguir vemos outro aspecto que leva demônios a ganharem poder sobre a vida das pessoas,

2 Reis 17.12 *E SERVIRAM OS ÍDOLOS, dos quais o Senhor lhes dissera: Não fareis estas coisas.*

O apóstolo Paulo também alertou para este fato:

1 Coríntios 10.19-22 *Mas que digo? QUE O ÍDOLO É ALGUMA COISA? Ou que o sacrificado ao ídolo é alguma coisa? 20 Antes digo que as coisas que os gentios sacrificam, as sacrificam aos demônios, e não a Deus. E não quero que sejais participantes com os demônios. 21 Não podeis beber o cálice do Senhor e o cálice dos demônios: não podeis ser participantes da mesa do Senhor e da mesa dos demônios. 22 Ou irritaremos o Senhor? Somos nós mais fortes do que ele?*

Também podemos observar o que diz o livro de Isaías:

Isaías 42.8 *Eu sou o SENHOR; este é o meu nome; a minha glória pois a outrem não darei, NEM O MEU LOUVOR ÀS IMAGENS DE ESCULTURA.*

Na verdade, um ídolo pode ser uma imagem de pedra, madeira ou outro material. Pode ser ainda um objeto, que não uma imagem de uma pessoa ou animal. E, como vimos, Deus diz que o louvor é para Ele e não para imagens feitas pelas mãos dos homens.

CAPÍTULO 20. FOQUE O SEU CORAÇÃO

O ídolo é alguma coisa que ocupa no nosso coração o lugar que Deus deveria ocupar. Quando veneramos imagens esculpidas, objetos, ou outra coisa que não o Altíssimo, abrimos portas enormes à atividade demoníaca nas nossas vidas.

Muitas pessoas caem neste erro, simplesmente porque pensam apenas que matar é errado (sexto mandamento), furtar é errado (oitavo mandamento) e assim por diante, mas desconhecem o que o primeiro e o segundo mandamento nos dizem:

Êxodo 20.3-5 *NÃO TERÁS OUTROS DEUSES diante de mim. 4 NÃO FARÁS PARA TI IMAGEM DE ESCULTURA, nem alguma semelhança do que há em cima nos céus, nem em baixo na terra, nem nas águas debaixo da terra. 5 NÃO TE ENCURVARÁS A ELAS NEM AS SERVIRÁ: porque eu, o Senhor teu Deus, sou Deus zeloso, que visito a maldade dos pais nos filhos até a terceira e quarta geração daqueles que me aborrecem.*

Como Deus nunca muda, ele é o mesmo eternamente, Ele continua a dizer hoje que é um perigo fazer imagens e servi-las, pois automaticamente a pessoa fica amaldiçoada e demônios ganham acesso à vida dela.

O que devemos então fazer se tivermos imagens na nossa casa, seja de ouro, prata, madeira, pedra, seja de que tamanho e forma forem?

Deuteronômio 7.25,26 *AS IMAGENS DE ESCULTURA DE SEUS DEUSES QUEIMARÁS A FOGO; a prata e o ouro que estão sobre elas não cobiçarás, nem os tomarás para ti, PARA QUE NÃO TE ENLACES NELES; pois ABOMINAÇÃO É AO SENHOR TEU DEUS. 26 NÃO PORÁS, POIS, ABOMINAÇÃO EM TUA CASA, para que não sejas anátema, assim como ela: DE TODO A DETESTARÁS, E DE TODO A ABOMINARÁS, porque anátema é.*

Existe ainda uma outra forma dos demônios terem acesso ao coração da pessoa é através de práticas do oculto, de jogos, como por exemplo o jogo do copo, de consultas espirituais, do espiritismo, etc.

Tenho visto pessoas sofrerem porque um dia fizeram uma destas coisas que acabei de descrever. Quando isto acontece, só com o Poder de Jesus é que a pessoa pode ser liberta.

Similarmente, qualquer objeto usado ou consagrado a qualquer espírito, estamos proibidos por Deus de usar tal coisa, pois atrai atividade demoníaca também.

Deuteronômio 13.12-18 *Quando ouvires dizer de alguma das tuas cidades que o Senhor teu Deus te dá, para ali habitar: 13 Uns homens filhos de Belial, saíram do meio de ti, que incitaram os moradores da sua cidade, dizendo: Vamos, e sirvamos a outros deuses que não conhecestes; 16 E ajuntarás todo o seu despojo no meio da sua praça; e a cidade e TODO O SEU DESPOJO QUEIMARÁS TOTALMENTE PARA O SENHOR TEU DEUS, e será montão perpétuo, nunca mais se edificará. 17 Também NÃO SE PEGARÁ À TUA MÃO NADA DO ANÁTEMA, para que o Senhor se aparte do ardor da sua ira, e te faça misericórdia, e tenha piedade de ti, e te multiplique, como jurou a teus pais; 18 Quando ouvires a voz do Senhor teu Deus, para guardares todos os seus mandamentos, que hoje te ordeno, para fazeres o que for recto aos olhos do Senhor teu Deus.*

Quando vamos comprar coisas usadas devemos questionar de onde vieram e para que foram usadas antes de trazermos para a nossa casa. Se Deus avisou o povo de Israel naquele tempo, também nos dá esse conselho hoje para que a nossa vida esteja firme na rocha, que é Jesus.

Se descobrimos em nossa casa objetos desses, devemos destrui-los, queimando-os se possível, assim como Deus nos ensina em Deuteronômio.

O apóstolo Paulo sabia muito bem disto:

Atos 19.19,20 *Também muitos DOS QUE SEGUIAM ARTES*

CAPÍTULO 20. FOQUE O SEU CORAÇÃO

MÁGICAS TROUXERAM OS SEUS LIVROS, e OS QUEIMARAM na presença de todos, e, feita a conta do seu preço, acharam que montava a cinquenta mil peças de prata. 20 ASSIM A PALAVRA DO SENHOR CRESCIA PODEROSAMENTE E PREVALECIA.

Podemos experimentar grande poder quando obedecemos às instruções de Deus, seguindo o exemplo deste povo que obedeceu à Palavra de Deus pregada por Paulo.

Quando, em Mateus 12.44, o espírito imundo disse: "Voltarei para a minha casa, de onde saí", podemos ver que os demônios pensam e têm memória, pois sabem de onde saíram e querem voltar para lá a todo o custo. E quando voltam, levam outros com eles para garantirem o sucesso desta vez. Isto mostra persistência, determinação e organização.

Por estes motivos todos, nunca devemos esquecer o que o Espírito Santo disse através do apóstolo Paulo:

2 Coríntios 2.10,11 *E a quem perdoardes alguma coisa também eu; porque, o que eu também perdoei, se é que tenho perdoado, por amor de vós o fiz na presença de Cristo; PARA QUE NÃO SEJAMOS VENCIDOS POR SATANÁS; 11 Porque NÃO IGNORAMOS OS SEUS ARDIS.*

Não podemos ignorar a verdade contida nesta passagem e note que ainda há muito mais para dizer. Para não sermos vencidos por satanás, devemos conhecer as suas estratégias.

O que devemos fazer então?

20.1 Renovai a vossa Mente

Romanos 12.2 *E não vos conformeis com este mundo, mas transformai-vos pela RENOVAÇÃO DO VOSSO ENTENDIMENTO, para que experimenteis qual seja a boa, agradável, e perfeita vontade de Deus.*

Filipenses 4.8 *Quanto ao mais, irmãos, tudo o que é VERDADEIRO, tudo o que é HONESTO, tudo o que é JUSTO, tudo o que é PURO, tudo o que é AMÁVEL, tudo o que é de BOA FAMA, SE HÁ ALGUMA VIRTUDE, e SE HÁ ALGUM LOUVOR, NISSO PENSAI.*

20.2 Resistir a Satanás

1 Pedro 5.9 *Ao qual (satanás) RESISTI FIRMES NA FÉ, sabendo que as mesmas aflições se cumprem entre os vossos irmãos no mundo.*

Tiago 4.7 *Sujeitai-vos, pois, a Deus; resisti ao diabo (na FÉ), e ele FUGIRÁ de vós.*

A fé é o único antídoto para vencer qualquer espírito maligno que encontrou entrada na vida de alguém. No entanto, é necessário realçar que a fé tem que estar apoiada única e exclusivamente na infalível, incorruptível e eterna Palavra de Deus.

Vejamos as passagens a seguir:

1 João 2.13,14 *Pais, escrevo-vos, porque conhecestes aquele que é desde o princípio. Jovens, escrevo-vos, PORQUE VENCESTES O MALIGNO. Eu vos escrevi, filhos, PORQUE CONHECESTES O PAI. 14 Eu vos escrevi, pais, porque já conhecestes aquele que é desde o princípio. Eu vos escrevi, jovens, porque sois fortes, E A PALAVRA DE DEUS ESTÁ EM VÓS, E JÁ VENCESTES O MALIGNO.*

CAPÍTULO 20. FOQUE O SEU CORAÇÃO

1 João 5.18 *Sabemos que todo aquele que é nascido de Deus não peca; mas o que de Deus é gerado conserva-se a si mesmo, E O MALIGNO NÃO LHE TOCA.*

Na verdade, se crermos que Deus nos está a dizer a verdade aqui nestas passagens, erguermo-nos da nossa situação de derrota, ou de maldição, para uma posição de vitória, através do conhecimento do Filho de Deus, Jesus Cristo, que é desde o princípio. Com fé no que sabemos sobre Jesus poderemos destruir qualquer poder satânico, simplesmente colocando Suas Promessas no nosso coração e, em seguida, proclamando-as com fé de que Deus não mente ou falha para conosco. Lembre-se que Ele não quebra o Seu concerto com os Seus filhos.

Ezequiel 16.60 *Contudo EU ME LEMBRAREI DA MINHA ALIANÇA, que fiz contigo nos dias da tua mocidade; E ESTABELECEREI CONTIGO UMA ALIANÇA ETERNA.*

Que maravilhoso! Deus estabeleceu eternamente a Sua Aliança para conosco como um sinal da Sua Misericórdia, e nunca se esquece dela. Aceitar Jesus é, portanto, a única porta para a libertação dos poderes do reino das trevas.

Se ao ler estas boas notícias, caso você reconheça que é uma pessoa que está debaixo de um desses poderes das trevas, repita em voz alta estas palavras agora:

Senhor Jesus, perdoa os meus pecados (confesse a Deus o que o/a perturba). Eu entrego-te a minha vida, sê o Senhor da minha vida a partir deste momento. Que a Tua Vida Eterna flua através de mim agora, e que a alegria da Tua Salvação inunde o meu coração. Não aceito nenhuma maldição na minha vida. Eu quebro toda a maldição, em nome de Jesus. Rejeito e quebro todo o pacto ou acordo feito com demônios. Obrigado Jesus por teres conquistado a minha vida e por me teres dado a Tua Vida Eterna. Aleluia!!!

Gálatas 3.13,14 *Cristo NOS RESGATOU DA MALDIÇÃO DA*

LEI, fazendo-se maldição por nós; porque está escrito: Maldito todo aquele que for pendurado no madeiro; 14 PARA QUE A BÊNÇÃO DE ABRAÃO CHEGASSE AOS GENTIOS (você e eu) por Jesus Cristo, e para que pela fé nós recebamos a promessa do Espírito.

Que Jesus maravilhoso! Ele se fez maldito para que eu seja bendito. Glória a Ele para sempre!!! Nós deveríamos ter sido crucificados, não Ele. No entanto, Ele se humilhou para que nós fossemos vencedores.

Não deixe o diabo colocar em si o que Deus colocou sobre Jesus. Se Jesus pagou o preço pela sua desobediência passada, não deixe o diabo enganá-lo e carregá-lo com a mesma maldição. Lembre-se que um crime apenas recebe uma sentença. Se Jesus foi sentenciado por si, por que pagar de novo?

20.3 Não permitir que a sua Mente (Seus Pensamentos) saiam do Objetivo

2 Timóteo 2.24-26 *E ao servo do Senhor NÃO CONVÉM CONTENDER, mas, sim, SER MANSO para com todos, APTO PARA ENSINAR, SOFREDOR; 25 instruindo com mansidão os que resistem, a ver se, porventura, Deus lhes dará arrependimento para conhecerem a verdade 26 e tornarem a despertar, desprendendo-se dos laços do diabo, em cuja vontade estão presos.*

Devemos nos focar no cumprimento da nossa missão como servos e servas de Deus. Sempre com mansidão para com todos, aptos para ensinar e sofredor. Como servos de Deus não podemos dar lugar ao diabo na nossa vida. No entanto, podemos ser tentados a fazer a obra de Deus pela força e não com mansidão, como somos exortados a fazer. E isto nos leva a pagar faturas caríssimas.

CAPÍTULO 20. FOQUE O SEU CORAÇÃO

Como se sabe, é no mundo dos sentimentos que satanás tem as maiores demonstrações do seu poder e é nesse campo que ele consegue obter vantagem na nossa vida.

No entanto, a verdade é esta: quando o nosso coração está cheio com a Palavra de Deus, cheio de fé, e colocamos nos nossos lábios as promessas de Deus, o diabo não pode nos tocar e todas as intenções do diabo sobre a nossa vida tornam-se em nada. E assim, podemos ser eficazes contra as intenções enganadoras de satanás.

Efésios 6.10,11,16 *No demais, irmãos meus, fortalecei-vos no Senhor e na força do seu poder. 11 Revesti-vos de toda a armadura de Deus, para que possais estar firmes contra as astutas ciladas do diabo. 16 Tomando SOBRETUDO O ESCUDO DA FÉ, com o qual podereis apagar todos os dardos inflamados do maligno.*

Atenção que Paulo está falando que a peça mais importante da armadura de Deus é a Fé. É ela que nos defende de todo o poder sobrenatural de satanás.

Tenho visto pessoas envolvidas em situações criadas por satanás, que aos olhos humanos seriam impossíveis de terem solução. Lembro de casais à beira do divórcio, que acabaram mais enamorados do que nunca, pessoas com doenças incuráveis que tornaram-se curadas, pessoas atormentadas por demônios que ficaram libertas, no mesmo momento que creram em Jesus Cristo e na Sua Palavra.

Podemos ler em Marcos 4.1-11, onde Jesus após ser tentado várias vezes por satanás, resistiu até ao fim, confessando a palavra de Deus, relembrando ao diabo que Deus nunca muda as Suas palavras e que o que Deus promete Ele cumpre.

E assim, podemos ler no versículo 11 ...então o diabo o deixou...

Sendo Jesus o mestre, julgo ser mais do que inteligente seguirmos o Seu exemplo.

Tal e qual o diabo fez com Jesus, tentando minar a Sua confiança em Deus, o Pai, ele irá também tentar minar a nossa confiança em Deus.

Não parece estranho que quarenta dias antes do diabo tentar a Jesus, Deus havia lhe falado do Céu: - Tu és meu Filho amado em quem me comprazo (Marcos 1.11) - e mesmo assim, satanás veio com desafios, começando por dizer: - Se tu és o Filho de Deus.... Se tu és o Filho de Deus... - Este é o maior e pior ataque às nossas vidas, quando satanás mina a confiança que temos na Palavra de Deus.

Não precisamos provar nada a ninguém, não precisamos provar que somos também como Jesus, filhos do Deus Altíssimo, não precisamos provar que temos o Espírito Santo dentro de nós, não precisamos provar que somos santos, não precisamos provar que somos cheios da Justiça de Deus, porque Deus já declarou que somos tudo isso e muito mais n'Ele. ALELUIA!!!! Por isso, podemos descansar e confiar n'Ele, porque somos tudo isto, não pelos nossos méritos, mas somos e podemos tudo em Jesus que nos fortalece.

20.4 Como vencer o Maligno

Em outra passagem da Bíblia, claramente é mostrado como os crentes que João viu venceram o maligno.

Apocalipse 12.9-11 *E foi precipitado o grande dragão, a antiga serpente, chamada o Diabo, e satanás, que engana todo o mundo; ele foi precipitado na terra, e os seus anjos foram lançados com ele. 10 E ouvi uma grande voz no céu, que dizia: Agora é chegada a salvação, e a força, e o reino do nosso Deus, e o poder do seu Cristo; porque já o acusador de nossos irmãos é derrubado, o qual diante do nosso Deus os acusava de dia e de noite. 11 E ELES O VENCERAM PELO SANGUE DO CORDEIRO e PELA PALAVRA DO SEU TESTEMUNHO; e não amaram as suas vidas até à morte.*

CAPÍTULO 20. FOQUE O SEU CORAÇÃO

Nos tempos bíblicos, cada pessoa que clamava a Jesus que o perdoasse, ou que o curasse, ou que o libertasse, Jesus prontamente o fazia. Hoje, da mesma forma, através da Palavra de Deus eu posso reivindicar com a minha boca as Suas promessas e crer que se cumprem mesmo sem ainda ver o resultado, e assim, estas se manifestarão.

Marcos 11.23,24 *Porque em verdade vos digo que qualquer que DISSER a este monte: Ergue-te e lança-te no mar, e NÃO DUVIDAR EM SEU CORAÇÃO, MAS CRER QUE SE FARÁ AQUILO QUE DIZ, TUDO O QUE DISSER LHE SERÁ FEITO. 24 Por isso vos digo que todas as coisas que pedirdes, orando, crede receber, e tê-las-eis.*

Com base nesta passagem bíblica eu sei que podemos orar a Deus, em Cristo, sobre qualquer assunto, de acordo com as escrituras e, com certeza, seremos ouvidos em tudo e assim como oramos nos será feito.

Quando colocamos esta verdade em prática, devemos crer que Deus nos ouve e responde na hora e não depois. Devemos crer que recebemos o que precisamos na hora. E, como atitude de agradecimento, temos que nos alegrar com confiança porque Deus cumpre sempre a Sua Palavra. Isto é fé!

Um dos maiores exemplos de fé que Jesus deu foi na ressurreição de Lázaro. Vejamos o que Jesus disse quando Lázaro ainda estava morto:

João 11.41 *...Pai, graças te dou, por me haveres ouvido.*

No entanto, o morto continuava morto como antes. Isto me diz que Jesus orou antecipadamente a Deus para ressuscitar a Lázaro e que Ele ficou completamente convicto de que Deus, o Pai, tinha respondido positivamente à Sua oração. Ele estava cheio de certeza de que Deus o tinha ouvido a respeito do que tinha orado.

Depois Jesus agiu de acordo com a sua fé:

João 11.43 *...clamou com grande voz: Lázaro, sai para fora.*

E, como sabemos, Lázaro ressuscitou de fato. Importante é perceber que fé e ação de acordo com o que se crê são a chave para operar no sobrenatural de Deus. Como vemos, neste caso, as palavras de Jesus não estavam de acordo com o que Ele via, Lázaro estava morto, mas estavam de acordo com a Palavra e vontade de Deus. Lembre-se: independentemente dos que os seus sentidos lhe transmitem, a sua fé continua com o mesmo poder.

João 11.25 *Disse-lhe Jesus: EU SOU A RESSURREIÇÃO E A VIDA; quem crê em mim, ainda que esteja morto, viverá.*

Morte quer dizer morte física ou espiritual. Morte significa separação. No caso físico é o espírito que se separa do corpo e no caso espiritual é o espírito que se separa de Deus. Como vimos aqui, fé não tem nada a ver com sentimentos, visão, olfacto, tato, audição, estes são sentidos naturais. No entanto, fé é sobrenatural, ou seja, não obedece às leis físicas ou naturais. Fé é uma realidade que os sentidos podem registrar como sendo nada.

O que acontece entre os meus sentimentos e a fé em Cristo é literalmente uma guerra.

Gálatas 5.16,17 *Digo, porém: Andai em Espírito, e não cumprireis a concupiscência da carne.17 Porque a carne cobiça contra o Espírito, e o Espírito contra a carne; e estes opõem-se um ao outro, para que não façais o que quereis.*

É uma contínua guerra entre o meu espírito (fé) e a minha carne (sentidos), como podemos ver nos dois versículos anteriores. Fé é uma lei espiritual ou sobrenatural. Os sentidos são naturais e apenas registram o que se passa no mundo visível. Fé é um poder que opera à parte do que sentimos. Mesmo quando os sentimentos não são os melhores, fé continua a agir na tua vida porque ela não depende do que sentes.

CAPÍTULO 20. FOQUE O SEU CORAÇÃO

1 Coríntios 2.9-10 *Mas, como está escrito: As coisas que o olho não viu, e o ouvido não ouviu, E não subiram ao coração do homem, são as que Deus preparou para os que o amam. 10 Mas Deus no-las revelou pelo seu Espírito; porque o Espírito penetra todas as coisas, ainda as profundezas de Deus.*

Se não agirmos na fé, nunca veremos as coisas que Deus tem preparado para nós.

Muitas pessoas dizem que precisam ver para crer. Deus diz: Crê e verás!

Não existe outro método para tomarmos posse daquilo que nos pertence, em Cristo, a não ser pelo caminho da fé em Jesus e Suas promessas.

Fé é, única e exclusivamente, suportada pela Palavra de Deus e nada mais. Muitas pessoas dizem que crêem que Jesus salva, que Jesus cura, no entanto, recebendo a Salvação pela fé, não recebem a cura para as suas enfermidades. Por quê? Porque não falam e nem agem de acordo com a Palavra de Deus.

Lembro-me de um dia em que tive uma dor de cabeça tão forte que não me conseguia levantar da cama. Neste mesmo dia eu tinha de ir pregar num grupo familiar da igreja. Cheguei ao meu limite de horário para poder chegar a horas e tinha que me levantar se quisesse chegar a tempo. No entanto, aquela dor era tão terrível que até abrir os olhos era doloroso. Eu tinha fé que Jesus tinha levado as minhas dores sobre Ele, mas até aquele momento apenas me tinha limitado a deitar-me e a sofrer a dor. Foi quando, em meu coração, decidi agir de acordo com a Palavra de Deus. Levantei-me, crendo que estava sarado e que Jesus tinha levado as minhas dores, e confessando que já tinha sido sarado pelas Suas pisaduras (Isaías 53.4,5; Mateus 8.16-17). Dirigi-me para o grupo familiar ainda a sentir aquela terrível dor de cabeça. No momento em que abri a boca para iniciar a mensagem a dor me deixou.

Aleluia!! Funcionou!! Deus viu que eu tinha me levantado com determinação de concretizar o meu compromisso, com plena fé de que Ele já me tinha sarado e, no momento em que eu comecei a falar, Ele operou o milagre.

Descobri ao longo dos anos que Deus gosta quando nós não aceitamos um não como resposta, especialmente se estamos a passar por uma enfermidade ou dor.

Numa outra ocasião, era eu ainda um novo cristão, quando fui chamado para orar por uma pessoa que estava tremendamente atormentada. Minutos antes, aquela pessoa tinha saído para a rua com uma faca para fazer justiça com as próprias mãos. Quando me aproximei dela, ajoelhei-me e orei ao Senhor dizendo:

- Tenho observado a Tua Palavra, e neste momento necessito que ela se torne real para mim para que esta pessoa possa ser liberta desta prisão. Eu li na Tua Palavra que aquele que crê fará as mesmas obras que Jesus fez ou maiores ainda, por isso, creio que Tu operarás hoje da mesma forma que fizeste antes.

Após ter feito isso, levantei-me com certeza de que Deus me tinha ouvido. A pessoa em questão estava deitada num sofá e não queria ver ninguém, nem ouvir ninguém, devido ao seu estado bastante descontrolado. Quando cheguei mais perto, ela me disse: - Não te quero ver, sai daqui?, e tentou agredir-me com pontapés. Quando ouvi estas palavras discerni no meu espírito que não era ela quem estava falando para mim, mas sim um espírito maligno.

Quando então percebi que estava diante de um demônio, em mim cresceu grande ousadia e ordenei ao demônio que saísse dela, fazendo o que a Bíblia ensina. Naquele mesmo momento, a pessoa sentiu duas mãos a sufocarem-na e começou a gritar: - Ai que vou morrer! Ai que vou morrer!

Então, exerci de novo a minha fé e falei: - Não vais morrer, mas

CAPÍTULO 20. FOQUE O SEU CORAÇÃO

irás viver!

A seguir, toquei nela e disse de novo ao demônio que ele tinha que sair em Nome de Jesus Cristo e, naquele mesmo instante, a pessoa expirou como se tivesse morrido. No entanto, eu sentia o seu respirar e o seu coração a bater. Entendi que o espírito maligno a tinha deixado. Ela ficou inconsciente cerca de quarenta e cinco minutos e, quando se levantou, foi como se nada tivesse acontecido.

Desta forma, descobri que agir na Palavra de Deus funciona sempre e que tal e qual fé funcionava quando as pessoas estavam na presença de Jesus, funciona hoje quando agimos na fé na Palavra de Deus. Posso ter toda a fé do mundo, mas se não fizer nada com ela a minha fé é morta e não produz resultados nenhuns. Ação sobre a Palavra de Deus sempre traz o sobrenatural à manifestação.

Hebreus 13.8 *JESUS CRISTO É O MESMO, ONTEM, E HOJE, E ETERNAMENTE.*

Mateus 7.24 *Todo aquele, pois, que escuta estas minhas palavras, e as pratica, assemelhá-lo-ei ao homem prudente, que edificou a sua casa sobre a rocha;*

Como, por exemplo, aconteceu com Pedro, que tendo pescado toda a noite não pescou nada e no outro dia Jesus disse-lhe para ir novamente e lançar de novo as redes, e a resposta de Pedro foi:

Lucas 5.5,6 *E, respondendo Simão, disse-lhe: Mestre, havendo trabalhado toda a noite, nada apanhamos; mas, SOBRE A TUA PALAVRA, LANÇAREI A REDE. 6 E, fazendo assim, colheram uma grande quantidade de peixes, e rompia-se-lhes a rede.*

Vimos que Pedro tinha feito a mesma coisa antes, sem resultados, no entanto, quando o fez com fé nas Palavras de Jesus, um tremendo milagre aconteceu.

O que ele fez de diferente então? Desta vez, Pedro uniu a ação à fé nas Palavras de Jesus e algo de extraordinário aconteceu.

Uma outra grande verdade é o que está escrito no livro de Mateus:

Mateus 11.12 *E, desde os dias de João o Batista até agora, se faz violência ao reino dos céus, E PELA FORÇA SE APODERAM DELE.*

Estou convicto que, até uma pessoa estar profundamente determinada a viver com Deus, nunca poderá provar a plenitude do Reino dos Céus. Essa pessoa tem que estar disposta a lutar para se apoderar do Reino Celestial.

Temos que entender que a nossa vida está a prêmio, pois satanás a quer. Para vencermos, precisamos ter uma "fé violenta", uma fé que não aceita um não quando a Palavra de Deus diz SIM!!!

Quando alguém decide crer é como se uma estrada se abrisse para invadir o terreno de satanás, para destruir seus poderes que levam a humanidade ao pecado, à enfermidade e a ficar debaixo do seu controlo.

Quando vejo fé numa pessoa, oro com toda a confiança, sabendo que o resultado será o esperado e desejado. Porque também aprendi que fé é tudo o que Deus precisa para nos abençoar. Deus não precisa que gritemos, choremos, nos condenemos, nos lamentemos, nos confessemos aos homens, ou ainda, que tenhamos que pagar alguma penitência. NÃO!!! Eu vejo na Bíblia uma outra realidade, uma outra lei, a lei da fé ou do espírito e vida:

Romanos 8.2 *Porque A LEI DO ESPÍRITO DE VIDA, em Cristo Jesus, ME LIVROU DA LEI DO PECADO E DA MORTE.*

2 Coríntios 5.17,21 *Assim que, se alguém está em Cristo, nova criatura é; as coisas velhas já passaram; eis que tudo se fez novo. 21 Aquele que não conheceu pecado, o fez pecado por nós; para que nele*

CAPÍTULO 20. FOQUE O SEU CORAÇÃO

FÔSSEMOS FEITOS JUSTIÇA DE DEUS.

Não sou justo por ser muito boa pessoa, sou JUSTO PORQUE DEUS ME DEU SUA JUSTIÇA!!! ALELUIA!!! Não sou justo pelas obras, mas pela fé!! Esta é a lei que vigora na Dispensação da Graça.

Filipenses 3.9 *E seja achado nele, não tendo a minha justiça que vem da lei, mas a que vem pela fé em Cristo, a saber, a JUSTIÇA QUE VEM DE DEUS PELA FÉ.*

Quando o diabo pode tocar numa pessoa que é justa? NUNCA!!! Porque a Justiça que existe em Cristo é abundante, infalível e está disponível para todo aquele que crê.

1 João 5.18 *Sabemos que todo aquele que é nascido de Deus não peca; mas o que de Deus é gerado conserva-se a si mesmo, e o MALIGNO NÃO LHE TOCA.*

Note que esta justiça só vem por um caminho: Fé em Jesus Cristo. Vivamos, então, esta vida no poder de Deus e do Seu Filho, Jesus Cristo.

Efésios 4.17-27 *E digo isto e testifico no Senhor, para que não andeis mais como andam também os outros gentios, na vaidade do seu sentido, 18 entenebrecidos no entendimento, separados da vida de Deus, pela ignorância que há neles, pela dureza do seu coração, 19 os quais, havendo perdido todo o sentimento, se entregaram à dissolução, para, com avidez, cometerem toda impureza. 20 Mas vós não aprendestes assim a Cristo, 21 se é que o tendes ouvido e nele fostes ensinados, como está a verdade em Jesus, 22 que, quanto ao trato passado, vos despojeis do velho homem, que se corrompe pelas concupiscências do engano, 23 e vos renoveis no espírito do vosso sentido (alma), 24 e VOS REVISTAIS DO NOVO HOMEM, que, segundo Deus, É CRIADO EM VERDADEIRA JUSTIÇA E SANTIDADE. 25 Pelo que deixai a mentira e falai a verdade cada um com o seu próximo; porque somos membros uns dos outros. 26 IRAI-VOS E NÃO PEQUEIS; não* *se ponha o sol sobre a vossa ira. 27 NÃO DEIS LUGAR AO DIABO.*

20.5   O Que Jesus fazia com Poder (Focado no Objetivo)

Atos 10.38 *Deus ungiu a Jesus de Nazaré com o Espírito Santo e com virtude; o qual andou fazendo o bem e curando a todos os oprimidos do diabo, porque Deus era com ele.*

Aquele que um dia entra no Reino dos Céus não está autorizado a pregar de mais nada a não ser a Palavra de Deus. O próprio Jesus nunca se referiu a outra matéria ou assunto de qualquer tipo, maneira ou forma. Ora, vejamos qual foi a reação de Jesus quando confrontado com este assunto:

Lucas 20.21-25 *E perguntaram-lhe, dizendo: Mestre, nós sabemos que falas e ensinas bem e retamente, e que não consideras a aparência da pessoa, mas ensinas com verdade o caminho de Deus. 22 É-nos lícito dar tributo a César ou não? 23 E, entendendo ele a sua astúcia, disse-lhes: Por que me tentais? 24 Mostrai-me uma moeda. De quem tem a imagem e a inscrição? E, respondendo eles, disseram: De César. 25 Disse-lhes então: Dai, pois, a César o que é de César, e a Deus o que é de Deus.*

Não há margem para dúvidas. O Reino de Deus é puro, santo, eterno e não tem aliados de qualquer tipo, nem jamais será mutável.

No entanto, alguns cristãos ainda hoje insistem em pregar sobre teologia e religião, mas estas não trazem Vida Eterna e Poder Sobrenatural de Deus a ninguém. Só o Senhor Jesus, o Cristo, Ele sim é vida para Humanidade.

O conhecimento da pessoa Cristo e Sua obra é essencial para recebermos o que necessitamos de Deus, tanto Salvação como cura para

CAPÍTULO 20. FOQUE O SEU CORAÇÃO

o nosso corpo, como qualquer outra bênção. Hoje, para olharmos para Ele e termos contato com Ele, necessitamos de o conhecer pela Palavra de Deus.

Hebreus 12.2 *Olhando para Jesus, autor e consumador da fé,...*

Necessitamos de fé n'Ele para confirmação das Promessas na nossa vida, e fé vem pelo ouvir a Palavra de Deus e não por ouvir teologia ou discursos sobre religião.

Jeremias 23.28-32 *O PROFETA QUE TEM UM SONHO CONTE O SONHO; e aquele que tem a minha palavra, FALE A MINHA PALAVRA COM VERDADE. Que tem a palha com o trigo? diz o SENHOR. 29 Porventura A MINHA PALAVRA NÃO É COMO O FOGO, diz o Senhor, e como um martelo que esmiúça a pedra? 30 Portanto, EIS QUE EU SOU CONTRA OS PROFETAS, diz o Senhor, QUE FURTAM AS MINHAS PALAVRAS, cada um ao seu próximo. 31 Eis que EU SOU CONTRA OS PROFETAS, diz o Senhor, que USAM DE SUA PRÓPRIA LINGUAGEM, e dizem: Ele disse. 32 Eis que eu sou contra os que profetizam sonhos mentirosos, diz o SENHOR, e os contam, e fazem errar o meu povo com as suas mentiras e com as suas leviandades; pois eu não os enviei, nem lhes dei ordem; e não trouxeram proveito algum a este povo, diz o Senhor.*

Se a genuína e simples Palavra de Deus não for anunciada, nenhum dos ouvintes sairá salvo, ou transformado, ou liberto, ou abençoado. Os resultados poderosos que a Bíblia descreve só aparecerão quando forem pregados, única e exclusivamente, o Evangelho de Cristo e a Sua Obra redentora na Cruz. Quando alguém ouve e entende isso, será impossível abafar o poder sobrenatural de Deus.

Uma vez cheios do Espírito Santo e focados no objetivo de fazer a nossa chamada, nós cristãos temos que, acima de tudo, guardar a nossa Salvação:

Marcos 8.36 *Pois, que aproveitaria ao homem ganhar todo o* *mundo e perder a sua alma?*

Efésios 6.10,11 *No demais, irmãos meus, fortalecei-vos no Senhor e na força do seu poder. 11 Revesti-vos de toda a armadura de Deus, para que possais estar firmes (resistir) contra as astutas ciladas do diabo.*

Como fazemos isso? Se o diabo nos afronta, afrontamos de volta, resistindo e colocando a Palavra de Deus nos nossos lábios e no nosso coração diariamente. Por que a Palavra?

Romanos 1.16 *Porque não me envergonho do EVANGELHO DE CRISTO, POIS É O PODER DE DEUS PARA SALVAÇÃO DE TODO AQUELE QUE CRÊ, primeiro do judeu e também do grego.*

A PALAVRA É O PODER!!! A Palavra tem o mesmo poder que Jesus porque Jesus é a Palavra. Se eu pedir alguma coisa a Deus de acordo com a Sua vontade, é exactamente o mesmo que alguém contemporâneo de Jesus pedir algo a Ele pessoalmente. O resultado será exatamente o mesmo que a Bíblia descreve quando aqueles homens e mulheres foram ter com Jesus em fé.

1 Timóteo 4.4-6 *Porque toda criatura de Deus é boa, e não há nada que rejeitar, sendo recebido com acções de graças, 5 porque, PELA PALAVRA DE DEUS e pela oração, é santificada. 6 Propondo estas coisas aos irmãos, serás bom ministro de Jesus Cristo, criado com as palavras da fé e da boa doutrina que tens seguido.*

Lucas 4.14 *Então, pela virtude do Espírito, voltou Jesus para a Galiléia, e a sua fama correu por todas as terras em derredor.*

O que podemos ver aqui é que qualquer pessoa que medite e ore na Palavra de Deus santifica-se para o serviço a Deus e enche-se de Poder. Jesus, após um retiro de quarenta dias jejuando e orando, se encheu de Poder para servir a Deus. Esse Poder (unção) foi tal que contagiava as pessoas, aumentando a sua área de influência (fama).

CAPÍTULO 20. FOQUE O SEU CORAÇÃO

Eclesiastes 7.1 *Melhor é a boa fama do que o melhor unguento (unção)...*

Fama é melhor que unção, mas a fama tem que ser gerada através da unção. Primeiro a unção, depois a fama.

20.6   Jesus nos manda permanecer Focados

1 Coríntios 9.26,27 *Pois eu assim corro, não como a coisa incerta; assim combato, não como batendo no ar (mas focado no alvo - JESUS). 27 Antes, subjugo o meu corpo e o reduzo à servidão, para que, pregando aos outros, eu mesmo não venha de alguma maneira a ficar reprovado.*

2 Reis 13.14-19 *E Eliseu estava doente da sua doença de que morreu; e Jeoás, rei de Israel, desceu a ele, e chorou sobre o seu rosto, e disse: Meu pai, meu pai, carros de Israel e seus cavaleiros! 15 E Eliseu lhe disse: Toma um arco e flechas. E tomou um arco e flechas. 16 Então, disse ao rei de Israel: Põe a tua mão sobre o arco. E pôs sobre ele a sua mão; e Eliseu pôs as suas mãos sobre as mãos do rei. 17 E disse: Abre a janela para o oriente. E abriu-a. Então, disse Eliseu: Atira. E atirou; e disse: A flecha do livramento do SENHOR é a flecha do livramento contra os siros; porque ferirás os siros em Afeca, até os consumir. 18 E disse mais: Toma as flechas. E tomou-as. Então, disse ao rei de Israel: Fere a terra. E FERIU-A TRÊS VEZES E CESSOU. 19 Então, O HOMEM DE DEUS SE INDIGNOU MUITO CONTRA ELE E DISSE: CINCO OU SEIS VEZES A DEVERIAS TER FERIDO; ENTÃO, FERIRIAS OS SIROS ATÉ OS CONSUMIR; PORÉM AGORA SÓ TRÊS VEZES FERIRÁS OS SIROS.*

Deus nos ensina que não é com um ataque que venceremos o diabo e este mundo, mas sim permanecendo investindo e investindo até ao fim, determinados a seguir Jesus de todo o nosso coração e de toda a nossa alma.

A Igreja não pode estar na defensiva, mas na ofensiva. Os portões do inferno não poderão prevalecer contra ela. A melhor defesa é o ataque. Jesus se manifestou ao mundo para destruir as obras de satanás e não para defender o Reino dos Céus. O diabo não está seguro neste planeta, pois a Igreja vai investir contra ele, derrotá-lo, vai encostá-lo à parede, até o deixar completamente desprezado e derrotado.

Salmos 18.37,39,42,43 *PERSEGUI OS MEUS INIMIGOS E OS ALCANCEI; não voltei, senão depois de os ter consumido. 39 Pois ME CINGISTE DE FORÇA PARA A PELEJA; fizeste abater debaixo de mim aqueles que contra mim se levantaram. 42 Então, os esmiucei como o pó diante do vento; deitei-os fora como a lama das ruas. 43 Livraste-me das contendas do povo e me fizeste cabeça das nações; um povo que não conheci me servirá.*

Quem são hoje os nossos inimigos? Não é a carne nem o sangue (pessoas), mas os demônios. Para vencermos, temos que perseguir os inimigos de Deus, sujeitando-nos cada vez mais a Deus, perseverando cada vez mais na fé, investindo e investindo e investindo contra o reino de satanás neste mundo. E Deus promete que não vamos vencer, já vencemos. ALELUIA! A vitória é o resultado da nossa perseverança e determinação.

20.7 O Segredo da Vitória está no nosso Testemunho

Atrás vimos que temos que testemunhar de boa mente sempre com palavras bem temperadas. Testemunho também é lançar a boa semente ao solo, o Espírito de Profecia: Ler **Lucas 8.4-15** *Semear a Palavra de Deus para atacar o inimigo.*

Apocalipse 12.11 *E eles o venceram pelo sangue do Cordeiro e pela palavra do seu testemunho; e não amaram a sua vida até à morte.*

CAPÍTULO 20. FOQUE O SEU CORAÇÃO

Apocalipse 19.10 *porque O TESTEMUNHO DE JESUS É O ESPÍRITO DE PROFECIA.*

Lucas 10.17-19 *E voltaram os setenta com alegria, dizendo: Senhor, pelo teu nome, até os demónios se nos sujeitam. 18 E disse-lhes: Eu via Satanás, como raio, cair do céu. 19 Eis que vos dou poder para pisar serpentes, e escorpiões, e toda a força do Inimigo, e nada vos fará dano algum.*

Este é o poder do nosso testemunho. Ele pode mudar nações se entendermos quão grande é esse poder.

Capítulo 21

O Espírito Santo

21.1 Personalidade do Espírito

21.1.1 Comprovada por suas Características

- Ele é inteligente (1 Coríntios 2.10,11)
- Ele tem emoções (Efésios 4.30)
- Ele tem vontade (1 Coríntios 12.11)

21.1.2 Comprovada por suas Obras

- Ele ensina (João 14.26)
- Ele guia (Romanos 8.14)
- Ele comissiona (Atos 13.4)

- Ele dá ordens a homens (Atos 8.29)

- Ele age no homem (Gênesis 6.3)

- Ele intercede (Romanos 8.26)

- Ele fala (João 15.26; 2 Pedro 1.21)

21.1.3 Comprovada pelo que Lhe é atribuído

- Ele pode ser obedecido (Atos 10.19-21)

- Pode-se mentir a Ele (Atos 5.3)

- Ele pode ser resistido (Atos 7.51)

- Ele pode ser reverenciado (Salmos 51.11)

- Pode-se blasfemar contra Ele (Mateus 12.31)

- Ele pode ser entristecido (Efésios 4.30)

- Ele pode ser ultrajado (Hebreus 10.29)

21.1.4 Comprovada por uma gramática incomum

A palavra grega para Espírito é neutra em gênero. Várias vezes, se empregam pronomes masculinos para substituir o substantivo neutro, o que contraria todas as regras normais de gramática, mas indica a personalidade do Espírito (João 16.13,14; 15.26; 16.7,8)

21.2 A Divindade do Espírito

21.2.1 Comprovada pelos seus Nomes

- Nomes que colocam o Espírito no mesmo patamar que às demais Pessoas da Trindade (1 Coríntios 6.11)

- Nomes que O apresentam realizando obras que somente Deus pode fazer (Romanos 8.15; João 14.16)

21.2.2 Comprovada por suas Características

Os atributos divinos atribuídos à Sua pessoa são os seguintes:

- Onisciência (1 Coríntios 2.10,11)
- Onipresença (Salmos 139.7)
- Onipotência (Gênesis 1.2)
- Verdade (1 João 5.6)
- Santidade (Lucas 11.13)
- Vida (Efésios 4.30)
- Sabedoria (Romanos 8.2)

21.2.3 Comprovada por suas Obras

Ao Espírito são atribuídas obras que somente Deus pode realizar:

- Criação (Gênesis 1.2)

- Inspiração (2 Pedro 1.21)
- Gerar a Cristo em Sua encarnação (Lucas 1.35)
- Convencer o Homem (João 16.8)
- Regenerar o Homem (João 3.5,6)
- Consolar (João 14.16)
- Interceder (Romanos 8.26,27)
- Santificar (2 Tessalonicences 2.13)

21.2.4 Comprovada por Sua Associação com a Trindade

O Espírito é denominado como uma das pessoas integrantes da Trindade, quem lida com o Espírito Santo lida com o próprio Deus (Atos 5.3,4; Mateus 28.19; 2 Coríntios 13.13)

21.3 A Procedência do Espírito

- **Definição:** Processão é uma palavra que tenta descrever o eterno relacionamento entre o Espírito e as outras duas pessoas da Trindade. Ele procedeu eternamente do Pai e do Filho sem que isso dividisse ou alterasse, de algum modo, a natureza de Deus.
- **História:** Este conceito foi formulado no Credo de Constantinopla em 381. Em 589, o sínodo de Toledo acrescentou a famosa cláusula latina *filioque*, que afirmava que o Espírito procedia do Pai e do Filho.
- **Escrituras:** João 15.26 afirma expressamente que o Espírito procede do Pai, tanto que a idéia de Sua processão do Filho vem de versículos como Gálatas 4.6, Romanos 8.9 e João 16.7.

21.4 Tipos de Ilustrações do Espírito

- Vestimenta (Lucas 24.49)
- Pomba (Mateus 3.16; Marcos 10.10; Lucas 3.22; João 1.32)
- Penhor (2 Coríntios 1.22; 2 Coríntios 5.5; Efésios 1.14)
- Fogo (Atos 2.3)
- Óleo (Lucas 4.18; Atos 10.38; 2 Coríntios 1.21; 1 João 2.20)
- Selo (2 Coríntios 1.22; Efésios 1.13; Efésios 4.30)
- Servo (Gênesis 24)
- Água (João 4.14; João 7.38,39)
- Vento (João 3.8; Atos 2.1,2)

21.5 Obras do Espírito no Antigo Testamento

21.5.1 Na Criação

O Espírito deu à Criação:

- Vida (Salmos 104.30; Jó 33.4)
- Ordem (Isaías 40.12; Jó 26.13)
- Beleza (Salmos 33.6; Jó 26.13)
- Preservação (Salmos 104.30)

21.5.2 No Homem

- Habitação Seletiva

    1. O Espírito estava em certas pessoas na época do Antigo Testamento (Gênesis 41.38; Números 27.18; Daniel 4.8; 5.11-14; Daniel 6.3).
    2. O Espírito vinha sobre várias pessoas (Juízes 3.10; Juízes 6.34; Juízes 11.29; Juízes 13.25; 1 Samuel 10.9,10; 1 Samuel 16.13).
    3. O Espírito enchia alguns (Êxodo 31.3; Êxodo 35.31). Assim, Seu relacionamento pessoal com os homens no Antigo Testamento era limitado, pois nem todos experimentavam Sua ação e esta não era necessariamente permanente em todos os casos (Salmos 51.11).

- Capacitação para serviço, especialmente na construção do Tabernáculo (Êxodo 31.3), mas também em outras circunstâncias (Juízes 14.6).

- Restrição geral ao pecado (Gênesis 6.3).

21.6 A Obra do Espírito na Revelação e Inspiração

21.6.1 Definições

1. Revelação significa o desvendar de algo que era previamente encoberto ou desconhecido. A revelação diz respeito ao material (i.e., o que).

2. Inspiração é o processo divino de supervisão dos autores humanos da Bíblia, de modo que, usando suas próprias personalidades e

estilos, compuseram e registraram sem erro as palavras de Deus pra Sua revelação ao homem nos manuscritos originais (os autógrafos). A inspiração diz respeito ao modo (i.e., o como).

21.6.2 O Autor da Revelação é O Espírito Santo:

A passagem mais específica é 2 Pedro 1.21 (cf. 2 Samuel 23.2; Ezequiel 2.2; Malaquias 3.8; Mateus 22.43; Atos 1.16; 4.25).

21.6.3 Os Meios da Revelação:

O Espírito usou:

1. A palavra falada (Êxodo 19.9)

2. Sonhos (Gênesis 20, 31)

3. Visões (Isaías 6.1)

4. A Palavra escrita (João 14.26; 1 Coríntios 2.13)

5. Cristo

21.6.4 O Autor da Inspiração é O Espírito Santo:

1. Do Antigo Testamento (2 Samuel 23.2,3; 2 Timóteo 3.16; Marcos 12.36; Atos 1.16; 28.25; Hebreus 3.7; 10.15,16).

2. Do Novo Testamento

    (a) A inspiração do Novo Testamento foi pré-autenticada por Cristo (João 14.26).

CAPÍTULO 21. O ESPÍRITO SANTO

(b) Ela é afirmada pelos autores do Novo Testamento (1 Coríntios 14.37; Gálatas 1.7,8; 1 Tesssalonicenses 4.2,15; 2 Tessalonicenses 3.6,12,14).

(c) Ela é atestada mutuamente pelos apóstolos (1Timóteo 5.18; 2 Pedro 3.16).

21.7 A Obra do Espírito Santo na Vida de Cristo:

21.7.1 Em seu Nascimento Virginal:

O Espírito Santo realizou a concepção no útero de Maria (Lucas 1.35)

21.7.2 Em sua Vida:

1. Cristo foi ungido pelo Espírito (Lucas 4.18; Atos 10.38). Essa unção ocorreu em Seu batismo, mas não é idêntica ao batismo (João 1.32). Essa unção significa capacitação para o serviço.

2. Cristo foi cheio do Espírito (Lucas 4.1).

3. Cristo foi selado com o Espírito (João 6.27).

4. Cristo foi guiado pelo Espírito (Lucas 4.1).

5. Cristo foi guiado pelo Espírito (Lucas 4.1).

21.7.3 Em sua Morte:

(Hebreus 9.14; Romanos 1.4)

21.7.4 Em sua Ressureição:

(1 Pedro 3.18)

21.8 A Obra do Espírito Santo na Salvação:

21.8.1 Convencimento

Definição: Convencer significa esclarecer a verdade do Evangelho perante a pessoa não salva, de modo que seja reconhecida, quer a pessoa receba ou não a Cristo como seu Salvador (João 16.8-11).

1. Convencimento do pecado: O estado pecaminoso do homem se deve à sua incredulidade.

2. Convencimento da justiça: O homem é convencido da justiça de Cristo porque Ele ressurgiu e ascendeu à direita do Pai.

3. Convencimento do juízo: O Espírito convence sobre o juízo vindouro porque satanás já foi julgado.

21.8.2 Regeneração

1. **Definição**: O ato divino de geração espiritual, pelo qual Ele comunica Vida Eterna e Nova Natureza.

2. **Meio**: É a obra de Deus, particularmente do Espírito (João 3.3-7; Tito 3.5). A fé é o requisito humano pelo qual o Espírito regenera e a Palavra de Deus fornece o conteúdo cognitivo da fé.

3. **Características**:

(a) É um ato instantâneo, não um processo (embora seus antecedentes e consequências possam ser processos).

(b) É não-experimental (não se deriva ou baseia em experiência, embora seja seguida das experiências comuns à vida cristã).

4. Consequências:

   (a) Uma nova natureza (2 Coríntios 5.17).

   (b) Uma nova vida (1 João 2.29).

21.8.3 Habitação:

1. O Espírito habita em todos os verdadeiros crentes, porque:

   (a) Mesmo crentes em pecado desfrutam da habitação (1 Coríntios 6.19).

   (b) O Espírito é um dom (Romanos 5.5).

   (c) A ausência do Espírito é prova da condição de não-salvo (Romanos 8.9).

2. A permanência da habitação: Os crentes podem perder a plenitude do Espírito, mas não a Sua habitação (João 14.16).

3. Problemas com a habitação:

   (a) A obediência é uma condição (Atos 5.32). Obediência à fé Cristã (Atos 6.7; Romanos 1.5).

   (b) Algumas pessoas foram temporariamente habitadas? Sim, mas apenas antes do dia de Pentecostes (1 Samuel 16.14).

   (c) Qual a relação entre a unção e a habitação? Elas ocorrem ao mesmo tempo, mas com propósitos diferentes: a habitação é a presença de Deus na vida do crente, enquanto que a unção o capacita a ser ensinado pelo Espírito (1 João 2.20,27).

21.9 Os Dons do Espírito Santo

1. **Definição:** Um dom espiritual é uma capacidade dada por Deus ao crente para desempenho de um serviço. Não é um lugar de serviço, nem um ministério para um grupo etário específico, nem um procedimento.

2. **Distribuição:**

    (a) Fonte: O Espírito (1 Coríntios 12.11).

    (b) Extensão: Todo crente tem pelo menos um, mas não todos (1 Pedro 4.10).

    (c) Tempo: Cada geração pode ou não ter todos os dons. Alguns dons foram concedidos para o estabelecimento, a fundação da Igreja (Efésios 2.20).

3. **Desenvolvimento:** Essas capacidades podem e devem ser desenvolvidas por quem as tem.

4. **Descrição:** Listas de dons podem ser encontradas em Romanos 12.6-8; 1 Coríntios 12.8-10, 28-30; Efésios 4.11

21.10 A Plenitude do Espírito

1. **Definição:** Ter a plenitude do Espírito, ou ser cheio do Espírito, significa ser controlado pelo Espírito (Efésios 5.18)

2. **Caraterísticas:**

    (a) A plenitude do Espírito é uma ordem para o crente (Efésios 5.18).

    (b) A plenitude é passível de repetição (Atos 2.4; 4.31).

    (c) A plenitude do Espírito produz semelhança a Cristo (Gálatas 5.22,23).

3. **Condições para estar cheio do Espírito:**

   (a) Uma vida dedicada (consagrada): A submissão ao controle do Espírito, embora ordenada, é voluntária e exige atos de dedicação. Isto inclui dois aspectos: (1) dedicação inicial (Romanos 12.1,2) e a (2) dedicação contínua (Romanos 8.14).

   (b) Uma vida vitoriosa: vitória diária sobre o pecado no cotidiano é uma necessidade para esse controle do Espírito (Efésios 4.30). Isto significa reagir corretamente à luz da Palavra à medida que esta é revelada (1 João 1.7,17).

   (c) Uma vida de dependência: este é o significado de "andar no Espírito"(Gálatas 5.16).

4. **Consequências:**

   (a) Um caráter semelhante ao de Cristo (Gálatas 5.22,23).

   (b) Adoração e Louvor (Efésios 5.18-20).

   (c) Submissão (Efésios 5.21).

   (d) Serviço (João 7.37-39).

5. **Outros Ministérios do Espírito:**

   (a) Um caráter semelhante ao de Cristo (Gálatas 5.22,23).

   (b) Ensino (João 16.12-15).

   (c) Orientação (Romanos 8.14).

   (d) Convicção (Romanos 8.16).

   (e) Intercessão (Romanos 8.26; Efésios 6.18).

21.10.1 Exemplos do Poder do Espírito Santo

Zacarias 4.6-10 *E respondeu-me, dizendo: Esta é a palavra do SENHOR a Zorobabel, dizendo: Não por força nem por violência, mas* *sim pelo meu Espírito, diz o SENHOR dos Exércitos. 7 Quem és tu, ó grande monte? Diante de Zorobabel tornar-te-ás uma campina; porque ele trará a pedra angular com aclamações: Graça, graça a ela. 8 E a palavra do SENHOR veio novamente a mim, dizendo: 9 As mãos de Zorobabel têm lançado os alicerces desta casa; também as suas mãos a acabarão, para que saibais que o SENHOR dos Exércitos me enviou a vós. 10 Porque, quem despreza o dia das coisas pequenas? Pois esses sete se alegrarão, vendo o prumo na mão de Zorobabel; esses são os sete olhos do SENHOR, que percorrem por toda a terra.*

No fim do cativeiro, os profetas Ageu e Zacarias encorajaram Zorobabel, o governador de Judá, e Josué, o sumo Sacerdote, a edificar a casa do Senhor. Mas encontraram dificuldades invencíveis, de todo tipo. Que fez parecer que essa obra seria impossível.

Não por força, nem por violência, mas sim pelo meu Espírito, diz o SENHOR dos Exércitos. Perguntou o profeta Zacarias? Quem és tu, ó grande monte? Diante de Zorobabel tornar-te-ás uma campina?

Dupla porção da Unção:

2 Reis 2.1-15 *Sucedeu que, quando o SENHOR estava para elevar a Elias num redemoinho ao céu, Elias partiu de Gilgal com Eliseu. 2 E disse Elias a Eliseu: Fica-te aqui, porque o SENHOR me enviou a Betel. Porém Eliseu disse: Vive o SENHOR, e vive a tua alma, que não te deixarei. E assim foram a Betel. 3 Então os filhos dos profetas que estavam em Betel saíram ao encontro de Eliseu, e lhe disseram: Sabes que o SENHOR hoje tomará o teu senhor por sobre a tua cabeça? E ele disse: Também eu bem o sei; calai-vos. 4 E Elias lhe disse: Eliseu, fica-te aqui, porque o SENHOR me enviou a Jericó. Porém ele disse: Vive o SENHOR, e vive a tua alma, que não te deixarei. E assim foram a Jericó. 5 Então os filhos dos profetas que estavam em Jericó se chegaram a Eliseu, e lhe disseram: Sabes que o SENHOR hoje tomará o teu senhor por sobre a tua cabeça? E ele disse: Também eu bem o sei; calai-vos. 6 E Elias disse: Fica-te aqui, porque o SENHOR me enviou ao Jordão. Mas ele disse: Vive o SENHOR, e vive a tua alma,*

CAPÍTULO 21. O ESPÍRITO SANTO

que não te deixarei. E assim ambos foram juntos. 7 E foram cinqüenta homens dos filhos dos profetas, e pararam defronte deles, de longe: e assim ambos pararam junto ao Jordão. 8 Então Elias tomou a sua capa e a dobrou, e feriu as águas, as quais se dividiram para os dois lados; e passaram ambos em seco. 9 Sucedeu que, havendo eles passado, Elias disse a Eliseu: Pede-me o que queres que te faça, antes que seja tomado de ti. E disse Eliseu: Peço-te que haja porção dobrada de teu espírito sobre mim. 10 E disse: COISA DIFÍCIL PEDISTE; se me vires quando for tomado de ti, assim se te fará, porém, se não, não se fará. 11 E sucedeu que, indo eles andando e falando, eis que um carro de fogo, com cavalos de fogo, os separou um do outro; e Elias subiu ao céu num redemoinho. 12 O que vendo Eliseu, clamou: Meu pai, meu pai, carros de Israel, e seus cavaleiros! E nunca mais o viu; e, pegando as suas vestes, rasgou-as em duas partes. 13 Também levantou a capa de Elias, que dele caíra; e, voltando-se, parou à margem do Jordão. 14 E tomou a capa de Elias, que dele caíra, e feriu as águas, e disse: Onde está o SENHOR Deus de Elias? Quando feriu as águas elas se dividiram de um ao outro lado; e Eliseu passou. 15 Vendo-o, pois, os filhos dos profetas que estavam defronte em Jericó, disseram: O espírito de Elias repousa sobre Eliseu. E vieram-lhe ao encontro, e se prostraram diante dele em terra.

Gilgal - 1º Lugar

Sem conhecermos o poder vivo de Deus, não podemos esperar receber algo do Senhor. Elias atravessou Gilgal para certificar de que Eliseu se lembrasse do grande amor e poder de Deus a favor dos Seus filhos.

A Bíblia é a prova desse amor. O Espírito Santo fez com que as Obras de Deus fossem lembradas, pondo-as por escrito em um Livro.

Betel - 2º Lugar

Porque Elias levou Eliseu a Betel? Betel Significa "A casa de Deus". Foi ali que Abraão (bem como Jacó), construiu um altar ao

Senhor e adorou a Deus.

Quando Jacó estava fungindo do seu irmão ele ficou nesse lugar passando a noite.

Gênesis 28.11-19 *E chegou a um lugar onde passou a noite, porque já o sol era posto; e tomou uma das pedras daquele lugar, e a pós por seu travesseiro, e deitou-se naquele lugar. 12 E sonhou: e eis uma escada posta na terra, cujo topo tocava nos céus; e eis que os anjos de Deus subiam e desciam por ela; 13 E eis que o SENHOR estava em cima dela, e disse: Eu sou o SENHOR Deus de Abraão teu pai, e o Deus de Isaque; esta terra, em que estás deitado, darei a ti e à tua descendência; 14 E a tua descendência será como o pó da terra, e estender-se-á ao ocidente, e ao oriente, e ao norte, e ao sul, e em ti e na tua descendência serão benditas todas as famílias da terra; 15 E eis que estou contigo, e te guardarei por onde quer que fores, e te farei tornar a esta terra; porque não te deixarei, até que haja cumprido o que te tenho falado. 16 Acordando, pois, Jacó do seu sono, disse: Na verdade o SENHOR está neste lugar; e eu não o sabia. 17 E temeu, e disse: Quão terrível é este lugar! Este não é outro lugar senão a casa de Deus; e esta é a porta dos céus. 18 Então levantou-se Jacó pela manhã de madrugada, e tomou a pedra que tinha posto por seu travesseiro, e a pós por coluna, e derramou azeite em cima dela. 19 E chamou o nome daquele lugar Betel; o nome porém daquela cidade antes era Luz.*

Jericó - 3º Lugar

Josué fez as muralhas de Jericó ruírem pela obediência à Palavra de Deus.

Se não adquirirmos a experiência de vencer os maus hábitos e ações, as fortificações satânicas não nos permitirão desfrutar da liberdade de receber a Plenitude do Espírito Santo em nossa vida.

Rio Jordão - 4º Lugar

CAPÍTULO 21. O ESPÍRITO SANTO

De novo Elias tenta desencorajar Eliseu de segui-lo. O rio Jordão era o limite fronteiriço de Canaã. Ali encerraram os Israelitas as suas andanças no deserto. Ao atravessarem o Jordão, deveriam deixar enterrada a sua antiga forma de vida, vida de desobediência e de rebelião. Em certo sentido todos foram batizados no rio Jordão.

O batismo nas águas simboliza a morte de nosso antigo modo de viver e o início de uma vida de ressurreição em Deus.

Muitas pessoas vivem uma vida centrada nelas próprias, vida de egoísmo. Desejam ter a plenitude do Espírito Santo para o benefício da sua vida carnal, mas Deus não pode abençoá-las enquanto nutrirem essa attitude. Elias queria ter a certeza de que Eliseu atravessaria o rio Jordão. Só depois disso é que ele pôde viver uma vida dedicada ao Senhor, conduzido pelo Espírito Santo. Nós também precisamos percorrer esse caminho se quisermos receber a plenitude da unção do Espírito Santo.

Logo a seguir, seu manto caiu sobre Eliseu que, persistentemente, havia seguido Elias.

Depois de passarmos por todas essas experiências, seguindo fielmente a nosso Senhor Jesus Cristo, o manto do Senhor, o Espírito Santo, cairá também sobre nós. Todos os problemas insolúveis de nossa vida se tornarão em uma planície, para glória de Deus. Não podemos experimentar a verdadeira Vida Cristã vitoriosa sem primeiro pagar o preço.

Tendo recebido a plenitude do Espírito Santo você terá pleno poder em três áreas da sua vida: vida pessoal, vida de oração e vida de testemunho.

Capítulo 22

Batismos

A nossa vida é como uma árvore que tem que ter raízes bem profundas para não cair quando o vento sopra mais forte. Assim, é muito importante estarmos bem enraizados nas doutrinas rudimentares de Cristo, para não sermos derrotados na vida, quando o diabo nos atacar com adversidades.

Hebreus 6.1,2 *Pelo que deixando os rudimentos da doutrina de Cristo, prossigamos até à perfeição, não lançando de novo o fundamento de obras mortas e de fé em Deus. 2 E da doutrina dos batismos e da imposição das mãos, e da ressurreição dos mortos e do juízo eterno.*

Existem dois tipos de Batismo:

- BATISMO NAS ÁGUAS - Batismo para consagração a Deus.

- BATISMO NO ESPÍRITO SANTO E COM FOGO - Batismo para receber o Poder de Deus.

CAPÍTULO 22. BATISMOS

22.1 Batismo nas Águas

Algumas pessoas falam sobre o batismo, assistiram ao batismo, outros até já foram batizados, mas ainda não sabem o seu verdadeiro significado. Primeiramente, quero começar por dizer que o batismo é um mandamento de Jesus. Na Bíblia, podemos ler o que o próprio Jesus disse:

Marcos 16.15,16 *E disse-lhes: Ide por todo o mundo, pregai o evangelho a toda a criatura. 16 Quem crer e for batizado será salvo; mas quem não crer será condenado.*

JESUS TAMBÉM FOI BATIZADO para em tudo ser o nosso exemplo.

Mateus 3.13-15 *Então veio Jesus da Galiléia ter com João junto do Jordão, para ser batizado por ele. 14 Mas João opunha-se-lhe, dizendo: Eu careço de ser batizado por ti, e vens tu a mim. 15 Jesus, porém, respondendo, disse-lhe: Deixa por agora, porque assim nos convém cumprir toda a justiça. Então, ele o permitiu.*

OS DISCÍPULOS TAMBÉM PRATICAVAM este mandamento de Jesus.

Atos 2.37-39 *E, ouvindo eles isto, compungiam-se em seu coração, e perguntavam a Pedro e aos demais apóstolos: Que faremos varões irmãos? 38 E disse-lhes Pedro: Arrependei-vos, e cada um de vós seja batizado em nome de Jesus Cristo, para perdão dos pecados; e recebereis o dom do Espírito Santo; 39 Porque a promessa vos diz respeito a vós, a vossos filhos e a todos os que estão longe; a tantos quantos Deus nosso Senhor chamar.*

22.1.1 Qual o significado do Batismo nas Águas

O Batismo nas águas simboliza o pacto entre Jesus e a pessoa que recebeu Jesus como Salvador. É uma manifestação pública da fé em Jesus. É feita diante de Deus dos anjos e dos homens.

O Batismo simboliza a nossa morte para o velho "EU", os caminhos errados, o pecado e o mundo.

O Batismo simboliza a ressurreição de uma nova vida com Deus.

O Batismo é um funeral - a morte do "EU".

O mergulhar nas águas quer dizer que morremos para nós próprios e para o mundo.

As águas simbolizam o sangue de Jesus, no qual, quando mergulhados, somos lavados dos nossos pecados.

O sair das águas simboliza o ressuscitar - nascer de novo - para uma nova vida com Jesus (Romanos 6.3,4).

- Êxodo 13.21,22; Êxodo 14.10,15-31
- **Atos 8.26-40** - Batismo do Eunuco
- **Marcos 16.16** *Quem crer e for batizado será salvo; mas quem não crer será condenado.*
- **Colossences 2.12** *Sepultados com ele no batismo, nele também ressuscitastes pela fé no poder de Deus, que o ressuscitou dentre os mortos.*
- **Romanos 6.4** *De sorte que fomos sepultados com ele pelo batismo na morte; para que, como Cristo foi ressuscitado dentre os mortos, pela glória do Pai, assim andemos nós também em novidade de vida.*

CAPÍTULO 22. BATISMOS

22.1.2 Devemos Batizar Bebês?

Não! Porque o batismo nas águas é um ato de fé, de arrependimento, para ser feito após recebermos Jesus como Senhor. Como pode um bebê tomar uma decisão desta? Cada pessoa é responsável por si diante de Deus, ou seja, cada pessoa por si só tem que decidir se quer realizar este ato de fé perante Deus e a Igreja.

22.1.3 O Batismo Salva?

Não! Não é batismo em si que salva. Quem salva é só Jesus Cristo. Em alguns círculos religiosos ensinam que uma pessoa só é salva depois de se batizar. Mas, então o que poderíamos pensar do ladrão que foi crucificado ao lado de Jesus? O próprio Jesus lhe disse que Ele estaria com Ele no paraíso naquele mesmo dia. Alguém pode dizer: "Mas ele não foi batizado!!"Não estaria por isso salvo? Claro que sim! Jesus salvou-o. Salvação consiste em dar a vida a Jesus, aceitá-Lo como Senhor e Salvador, isto é, nascer de novo.

22.1.4 Nascer de Novo

João 3.1-3 *E havia entre os fariseus um homem chamado Nicodemos, príncipe dos judeus. 2 Este foi ter de noite com Jesus e disse-lhe: Rabi, bem sabemos que és Mestre, vindo de Deus; porque ninguém pode fazer estes sinais que tu fazes se Deus não for com ele. 3 Jesus respondeu, e disse-lhe: Na verdade, na verdade te digo que aquele que não nascer de novo, não pode ver o reino de Deus.*

Nicodemos era um príncipe dos judeus, era mestre em Israel (sabia muito da Bíblia e ensinava na igreja = sinagoga), mas não era salvo (Salvação não vem por se frequentar a Igreja, mas sim pelo NOVO NASCIMENTO).

Jesus disse que quem quiser entrar no reino de Deus, tem que nascer de novo. A Bíblia ensina que o homem é um espírito, tem uma alma e vive dentro de um corpo (1 Tessalonicenses 5.23). O que tem que nascer de novo não é o nosso corpo, mas sim o nosso espírito.

João 1.12 *Mas, a todos quantos o receberam, deu-lhes o poder de serem feitos filhos de Deus; a saber, aos que crêem no seu nome.*

22.1.5 O que é Preciso para Nascer de Novo

- Acreditar no coração que Jesus Cristo é o Filho de Deus, o Salvador, que morreu por nós na Cruz, levando com Ele todos os nossos pecados, e que ressuscitou de entre os mortos.

- Arrepender dos pecados, voltando as costas aos caminhos errados.

- Receber a Jesus como Senhor e Salvador pessoal, através de uma oração. (Receber Jesus como SENHOR significa que Ele passa a ser soberano em si e a governar a sua vida. Receber Jesus como SALVADOR significa que Ele o salva e lhe dá Vida Eterna com Deus o Pai). Se você está lendo este livro e nunca nasceu de novo, pode fazê-lo agora mesmo, recebendo Jesus como Senhor e Salvador, fazendo a oração seguinte:

"Ó Deus, eu venho a Ti no nome de Jesus. Eu creio que Jesus Cristo é o Filho de Deus, é Deus, e morreu por mim na Cruz, derramando o Seu sangue pelos meus pecados. Senhor eu me arrependo dos meus pecados. E, agora, Jesus, eu te entrego a minha vida, tudo o que eu sou e tudo o que eu tenho e Te recebo como meu Senhor e meu Salvador. Amém!"

22.2 Batismo no Espírito Santo e com Fogo

Mateus 3.11 *E eu, em verdade, vos batizo com água, para o arrependimento; mas aquele que vem após mim é mais poderoso do que eu; não sou digno de levar as suas sandálias; ele vos batizará com o ESPÍRITO SANTO E COM FOGO.*

- É UMA EXPERIÊNCIA SUBSEQUENTE À SALVAÇÃO

    Atos 2.38, 39 *E disse-lhes Pedro: Arrependei-vos, e cada um de vós seja batizado em nome de Jesus Cristo, para perdão dos pecados; e recebereis o dom do Espírito Santo. 39 Porque a promessa vos diz respeito a vós, a vossos filhos, e a todos os que estão longe: a tantos quantos Deus nosso Senhor chamar.*

- A PROMESSA E O CUMPRIMENTO EM JESUS

    Promessa - Atos 1.4, 5 e 8 Cumprimento - Atos 2.1-4 Evidência do Batismo no Espírito Santo - Atos 2.5-13

- O BAPTISMO NO ESPÍRITO SANTO TRAZ O PODER DE DEUS

Deus já deu o Espírito Santo no dia de Pentecostes. Desde esse dia o Espírito Santo está neste mundo e cabe a nós receber o dom do Espírito Santo. Não precisamos pedir, mas sim, precisamos vir a Jesus e receber este batismo (Atos 1.5 e 8).

- Joel 2.28 - A Promessa do Espírito.
- Mateus 3.6-11 - João Batiza Jesus.
- Atos 10.38 - Deus Ungiu Jesus com o Espírito Santo.
- 1 João 2.27-29 - Recebemos a Unção.

Capítulo 23

Somos Mordomos de Deus

Temos que crescer espiritualmente e saber cada vez mais como utilizar a toalha e a bacia de água mais do que qualquer outra coisa.

Muitas vezes as pessoas são induzidas a irem à Igreja apenas para buscar bênçãos ou algum proveito próprio, mas existe uma maneira mais excelente de se viver.

Muito cristão canta: "Tu és Senhor, Tu és Senhor..."no entanto, não faz de Deus o Senhor, fazem de Deus o seu Mordomo. Por exemplo:

"Oh Deus, cura-me"; "Oh Deus ajuda o meu filho"; "Oh Deus faz-me isto"; "Oh Deus dá-me aquilo"; "Oh Deus, já te pedi para melhorares a minha empresa, já passaram dois meses e tudo esta na mesma"; "Oh Deus já te pedi para me dares uma casa nova, já passou um ano e não vejo nada acontecer".

Desta maneira, até parece que Deus é nosso empregado, e esquecemos que Deus é Deus e nós é que somos servos de Deus, nós é que fomos criados por Ele, somos Sua criatura e existimos para Sua Honra e Glória, isto é, vivemos para cuidar das coisas de Deus logo vivemos

CAPÍTULO 23. SOMOS MORDOMOS DE DEUS

para sermos Mordomos de Deus.

23.1 Tudo Pertence a Deus

Os fundamentos do Capitalismo dizem que as riquezas deste mundo pertencem às pessoas individuais. O indivíduo ganha riqueza com o seu trabalho, inteligência, competências e, depois de a ter ganho, a riqueza é sua, e pode fazer o que quiser com essa riqueza.

Os fundamentos do Socialismo ensinam o oposto. As riquezas do mundo pertencem a todos, e não especificamente aos indivíduos, pertencem à sociedade em geral. Quer uma pessoa seja inteligente ou não, trabalhadora ou não, todos merecem precisamente a mesma medida. O Governo apenas administra a riqueza comum.

A Bíblia Ensina que ambos não são corretos. As riquezas do mundo, não pertencem às pessoas individuais, nem ao coletivo, mas sim, pertencem a Deus. A prova disso é que, por muito rico que alguém seja, quando aquele dia chegar, não poderá levar nada consigo.

Em ambos sistemas, capitalista e socialista, encontraremos sempre o pecado. Injustiça, guerras, racismo, etc. Logo, a força que move todos esses movimentos político-sociais são, sem dúvida, egocentristas.

Podemos nos perguntar por que Tudo Pertence a Deus?

Deuteronômio 10.14 *Eis que os céus e os céus dos céus são do Senhor, teu Deus, a terra e tudo o que nela há.*

Salmos 24.1 *Do Senhor é a terra e a sua plenitude, o mundo e aqueles que nele habitam.*

Salmos 50.9-12 *Da tua casa não tirarei bezerro nem bodes dos teus currais. Porque MEU É TODO ANIMAL DA SELVA E AS ALI-*

MÁRIAS SOBRE MILHARES DE MONTANHAS. Conheço todas as aves dos montes; e minhas são todas as feras do campo. Se eu tivesse fome, não to diria, pois MEU É O MUNDO E A SUA PLENITUDE.

Ouvimos muitas vezes no meio cristão músicas que declaram "És Senhor, és Senhor...", no entanto, muitas vezes, as pessoas pensam no seu íntimo que Deus não vai tocar no que é delas e dão de frente com um antagonismo: a sua boca fala uma coisa e o seu coração fala outra. Pessoas escondem a sua vontade interior e declaram outra com seus lábios, porém enganam ao próximo, mas não a Deus.

Por isso, Jesus se angustiou com estas coisas e falou o seguinte:

Marcos 7.6-9 *E ele, respondendo, disse-lhes: Bem profetizou Isaías acerca de vós, hipócritas, como está escrito: Este povo honra-me com os lábios, Mas o seu coração está longe de mim; 7 Em vão, porém, me honram, ensinando doutrinas que são mandamentos de homens. 8 Porque, deixando o mandamento de Deus, retendes a tradição dos homens; como o lavar dos jarros e dos copos; e fazeis muitas outras coisas semelhantes a estas. 9 E dizia-lhes: Bem invalidais o mandamento de Deus para guardardes a vossa tradição.*

Existem tradições, isto é, hábitos, costumes, procedimentos, rituais, que aos olhos humanos parecem certos, mas no seu propósito estão tão longe de Deus como o Céu está da Terra. Anulam o Poder de Deus pela própria dureza de coração e pouca vontade de obedecer a Deus. A inteireza de coração tem de existir em tudo o que fazemos para Deus, não tentemos enganar a Deus, porque de Deus ninguém escarnece.

Se aceitamos Jesus como Senhor de nossa vida, então a vida não é mais nossa, bem como aquilo que temos, mas sim para por ao serviço daquele que merece Tudo de nós, porque Ele se ofereceu primeiro. Por isso, colocamos aos Seus pés tudo o que somos e o que temos para que Ele seja engrandecido.

Então, acontecerá o seguinte:

CAPÍTULO 23. SOMOS MORDOMOS DE DEUS

Tiago 4.7-9 *Chegai-vos a Deus, e ele se chegará a vós. Limpai as mãos, pecadores; e, vós de duplo ânimo, purificai o coração. Senti as vossas misérias, e lamentai, e chorai; converta-se o vosso riso em pranto, e o vosso gozo, em tristeza. Humilhai-vos perante o Senhor, e* ELE VOS EXALTARÁ

O galardão de um servo de Deus vem do próprio Deus e não deste mundo.

Desprendamo-nos pois dos poderes deste mundo que foram preparados para nos controlar e destruir, enquanto os conselhos da Palavra de Deus vieram para nos dar vida e vida com abundância.

De quem é a sua casa, o seu carro? E se Deus lhe disser para doar o seu carro? Nós cristãos, muitas vezes vivemos tal e qual as pessoas do mundo vivem. Nós vivemos como se o nosso carro fosse nosso. Nós vivemos como se a nossa casa fosse nossa. Nós vivemos como se o nosso dinheiro fosse nosso, etc.

Nós cantamos: "Tu és Senhor (o nosso dono)... Mas Tu não tocas no que é meu. Quando morrermos, é que vamos ver com clareza, que nada nos pertence.

23.2 Somos Administradores de Deus

Gênesis 1.26-30 *E disse Deus: Façamos o homem à nossa imagem, conforme a nossa semelhança; e domine sobre os peixes do mar, e sobre as aves dos céus, e sobre o gado, e sobre toda a terra, e sobre todo réptil que se move sobre a terra. E criou Deus o homem à sua imagem; à imagem de Deus o criou; macho e fêmea os criou. E Deus os abençoou e Deus lhes disse:Frutificai, e multiplicai- vos, e enchei a terra, e sujeitai- a; e dominai sobre os peixes do mar, e sobre as aves dos céus, e sobre todo o animal que se move sobre a terra. E disse Deus:Eis que vos tenho dado toda erva que dá semente e que está sobre* a face de toda a terra e toda árvore em que há fruto de árvore que dá semente; ser- vos- ão para mantimento. E a todo animal da terra, e a toda ave dos céus, e a todo réptil da terra, em que há alma vivente, toda a erva verde lhes será para mantimento.

Gênesis 2.15 *E tomou o Senhor Deus o homem e o pôs no jardim do Éden para o lavrar e o guardar.*

Mateus 25.14-30 *Porque isto é também como um homem que, partindo para fora da terra, chamou os seus servos, e entregou- lhes os seus bens, 15 e a um deu cinco talentos, e a outro, dois, e a outro, um, a cada um segundo a sua capacidade, e ausentou- se logo para longe. 16 E, tendo ele partido, o que recebera cinco talentos negociou com eles e granjeou outros cinco talentos. 17 Da mesma sorte, o que recebera dois granjeou também outros dois. 18 Mas o que recebera um foi, e cavou na terra, e escondeu o dinheiro do seu senhor. 19 E, muito tempo depois, veio o senhor daqueles servos e ajustou contas com eles. 20 Então, aproximou- se o que recebera cinco talentos e trouxe- lhe outros cinco talentos, dizendo:Senhor, entregaste- me cinco talentos; eis aqui outros cinco talentos que ganhei com eles. 21 E o seu senhor lhe disse:Bem está, servo bom e fiel. Sobre o pouco foste fiel, sobre muito te colocarei; entra no gozo do teu senhor. 22 E, chegando também o que tinha recebido dois talentos, disse:Senhor, entregaste- me dois talentos; eis que com eles ganhei outros dois talentos. 23 Disse- lhe o seu senhor: Bem está, bom e fiel servo. Sobre o pouco foste fiel, sobre muito te colocarei; entra no gozo do teu senhor. 24 Mas, chegando também o que recebera um talento disse:Senhor, eu conhecia- te, que és um homem duro, que ceifas onde não semeaste e ajuntas onde não espalhaste; 25 e, atemorizado, escondi na terra o teu talento; aqui tens o que é teu. 26 Respondendo, porém, o seu senhor, disse- lhe:Mau e negligente servo; sabes que ceifo onde não semeei e ajunto onde não espalhei; 27 devias, então, ter dado o meu dinheiro aos banqueiros, e, quando eu viesse, receberia o que é meu com os juros. 28 Tirai- lhe, pois, o talento e dai- o ao que tem os dez talentos. 29 Porque a qualquer que tiver será dado, e terá em abundância; mas ao que não tiver, até o que tem ser-lhe-á* *tirado. 30 Lançai, pois, o servo inútil nas trevas exteriores; ali, haverá pranto e ranger de dentes.*

Ao administrarmos as coisas de Deus, temos de ser zelosos, honestos e verdadeiros, pensando que os recursos só podem ter um objetivo único: conquistar mais pessoas para Jesus Cristo e Seu Reino. Sejamos pois bons administradores das riquezas que Deus coloca nas nossas mãos e quanto mais formos obedientes, mais nos será dado e confiado para administrar.

A história de José é um ótimo exemplo de um bom administrador, que, apesar das riquezas não serem suas, ele as multiplicou muito, tendo Deus como o centro de sua vida e de todas as suas decisões. Podemos ler a história de José em Gênesis 39.

José economizou em sete anos e nos outros sete anos seguintes, que foram de fome, Ele enriqueceu muito o seu Senhor porque as pessoas pagavam com ouro, gado, fazendas e, por fim, se chegaram ao Reino de Faraó quando não tinham mais para onde ir.

Administremos de forma a que o mundo se chegue cada vez mais a Deus como no tempo de José o Povo se chegou a José. Para isso, temos que fazer a nossa parte sendo fieis ao Reino de Deus, com nossas riquezas, para que possamos ver nosso mundo abençoado e livre. Cada um fazendo um pouco gera uma benção que atingirá o mundo para Jesus.

23.3 Como podemos por esta mensagem em prática

Será que tudo que está consigo você o entregou a Deus ou será que você é como os irmãos que dizem:

"Ele é Senhor... mas não toque no meu carro, mas não toque

CAPÍTULO 23. SOMOS MORDOMOS DE DEUS

nos meus 250.000$ mas não toque nos meus anéis, mas não toque no dinheiro que eu guardei para um televisor novo."

Ouse desafiar as promessas de Deus e verá que as coisas não são tudo na vida mas sim estar no centro da vontade do Deus vivo. Existem dois tipos de pessoas que Jesus falou na Bíblia, aquele que ouve e pratica, logo tem sua casa sobre a rocha e aquele que ouve e não pratica, logo terá sua casa (vida) construída na areia. Escolha hoje quais dos dois caminhos quer trilhar, eu aconselho aquele que ouve e pratica, escolha vida para que vivas tu e a tua casa.

Gênesis 30.19,20 *Os céus e a terra tomo, hoje, por testemunhas contra ti, QUE TE TENHO PROPOSTO A VIDA e a morte, a bênção e a maldição; escolhe, pois, a vida, PARA QUE VIVAS, TU E A TUA SEMENTE, 20 amando ao Senhor, teu Deus, DANDO OUVIDOS À SUA VOZ E TE ACHEGANDO A ELE; pois ele é a tua vida e a longura dos teus dias; para que fiques na terra que o Senhor jurou a teus pais, a Abraão, a Isaque e a Jacó, que lhes havia de dar.*

- Faça um inventário de tudo o que tem em seu poder;
- Declare a Deus que tudo é Dele;
- Pergunte a Deus o que Ele quer que você faça com isso;
- Obedeça à voz de Deus;

Pergunte-se hoje qual a sua motivação, qual o melhor investimento que você poderá fazer na vida? Jesus nos dá uma visão maior que construir nosso reino, Ele nos propõe construir o Seu Reino nesse mundo:

Mateus 6.19-21 *Não ajunteis tesouros na terra, onde a traça e a ferrugem tudo consomem, e onde os ladrões minam e roubam. 20 Mas ajuntai tesouros no céu, onde nem a traça nem a ferrugem consomem,*

CAPÍTULO 23. SOMOS MORDOMOS DE DEUS 170

e onde os ladrões não minam, nem roubam. *21 Porque onde estiver o vosso tesouro, aí estará também o vosso coração.*

Para juntar tesouros no Céu só tem um jeito, dedicar nossa vida conquistando almas para Jesus e declarando o que Seu Reino está disponível para todo aquele que quer ter vida eterna. O Tesouro são pessoas e não as coisas deste mundo, porque pessoas são o que Deus considera mais precioso que tudo, por isso, Ele deu Seu Filho primeiro para demonstrar onde estava a Sua riqueza, que somos todos nós. O Evangelismo é o melhor solo onde as suas sementes podem ser semeadas.

23.4 O bom mordomo anda em Amor

Lucas 16.1-13- A parábola do mordomo infiel

Para sermos mordomos fiéis devemos guardar o nosso coração do mal. É Importantíssimo temperar a nossa vida com amor, e nunca participarmos de algo que crie dano na vida do próximo, nem estar no meio de algo com o intuito de condenar seja quem for. O amor nunca falha. Se andarmos em amor, seremos sempre mordomos fiéis.

Gálatas 5.14,15 *Porque toda a lei se cumpre numa só palavra, nesta:Amarás o teu próximo como a ti mesmo. 15 Se vós, porém, vos mordeis e devorais uns aos outros, vede não vos consumais também uns aos outros.*

Se fizermos o contrário e tentarmos fazer algum mal a alguma pessoa, o amor não está em nós e perante Deus somos como assassinos, pois estamos afastando as pessoas de Cristo. Mesmo na Igreja isto pode acontecer. Irmão que se coloca contra outro irmão se torna assassino na mesma hora que o faz. Você deve estar pensando: assassino?? Como assim??

Ora vejamos juntos o que João escreveu:

1 João 3.15 *Todo aquele que odeia a seu irmão é assassino; ora, vós sabeis que todo assassino não tem a vida eterna permanente em si*

Muito cuidado para nunca cairem no ódio, ou intenção de prejudicar alguém porque, nesse caso, além de se tornar assassino essa pessoa não tem em si permanente a vida Eterna. Por outras palavras: Perante Deus, quem faz isto, permanece em pecado e permanece separado de Deus. Os bons mordomos da sabedoria de Deus guardam o seu coração em Deus e no Seu grande amor pela humanidade.

O mordomo fiel financia o Reino de Deus. O dinheiro deste mundo, Deus não precisa, mas na doação do coração do justo, Ele se deleita. Porque não é o dinheiro que Ele olha, mas sim o coração. Se algum dia as suas Orações deixarem de ser respondidas, e de repente parece que a presença de Deus se foi, este deverá ser o primeiro lugar da sua vida que você deve visitar.

23.5 O bom mordomo administra bem as riquezas

Marcos 12.41-44 *E, estando Jesus assentado defronte da arca do tesouro, observava a maneira como a multidão lançava o dinheiro na arca do tesouro; e muitos ricos depositavam muito. 42 Vindo, porém, uma pobre viúva, depositou duas pequenas moedas, que valiam cinco réis. 43 E, chamando os seus discípulos, disse-lhes:Em verdade vos digo que esta pobre viúva depositou mais do que todos os que depositaram na arca do tesouro; 44 porque todos ali depositaram do que lhes sobejava, mas esta, da sua pobreza, depositou tudo o que tinha, todo o seu sustento.*

Dinheiro é necessário para o avanço do Evangelho. Mas o valor da oferta está na atitude do coração de quem dá. Nunca dê nada a Deus que não lhe custe nada. Se não custar nada, não dê. Ofertar é um ato de veneração e respeito por Deus, não pode ser levada oferta a Deus de qualquer forma. O bom mordomo conhece esta realidade.

Gênesis 4.1-4 *Coabitou o homem com Eva, sua mulher. Esta concebeu e deu à luz a Caim; então, disse:Adquiri um varão com o auxílio do Senhor. 2 Depois, deu à luz a Abel, seu irmão. Abel foi pastor de ovelhas, e Caim, lavrador. 3 Aconteceu que no fim de uns tempos trouxe Caim do fruto da terra uma oferta ao Senhor. 4 Abel, por sua vez, trouxe das primícias do seu rebanho e da gordura deste. Agradou- se o Senhor de Abel e de sua oferta; ao passo que de Caim e de sua oferta não se agradou.*

Vê aqui alguma semelhança entre os dois versículos? Jesus e Deus são um só, Eles reagem da mesma forma. Deus não gosta de esmolas, mas sim ofertas, com um sorriso nos lábios e alegria no coração. De outra forma Ele se entristece. Por quê? Porque gastamos, muitas vezes, muito dinheiro com os nossos desejos e construindo o nosso reino, no entanto, quando pensamos em Deus, lhe damos os restos e o que nos sobra. Não seja assim conosco, tenhamos uma atitude de fé, crendo que faremos a diferença investindo no avanço do Reino de Deus para que outros o venham a conhecer Jesus e a ser salvos. Aleluia!

Sua mordomia neste mundo acaba quando você for para a glória. Até lá fique firme e seja fervoroso mordomo do Senhor, usando o amor que Ele lhe deu em seu coração. Tudo o que fizer faça em amor e com bondade. Use as riquezas - o dinheiro deste mundo - para ganhar pessoas para Jesus. No Céu não pode utilizar o dinheiro deste mundo,. Use este dinheiro para transformar pessoas e situações, pois na eternidade essas pessoas serão seus amigos e estarão lá, em parte, por você ter sido um mordomo fiel.

23.6 Como juntar tesouros no Céu?

Mateus 6.19-20 *Não ajunteis tesouros na Terra, onde a traça e a ferrugem tudo consomem, e onde os ladroes minam e roubam. 20 Ajuntai tesouros no Céu onde nem a traça nem a ferrugem consomem, e onde os ladroes não minam nem roubam.*

1 Timóteo 6.17,18 *Manda aos ricos deste mundo que não sejam altivos, nem ponham a esperança na incerteza das riquezas, mas em Deus, que abundantemente nos dá todas as coisas para delas gozarmos; 18 que façam o bem, enriqueçam em boas obras, repartam de boa mente e sejam comunicáveis.*

Mandamento aos ricos:

a) Não ponham a esperança nas riquezas.

b) Repartam os seus bens com os necessitados, para ajuntarem um tesouro nos céus.

c) Comuniquem com aqueles que não tem tanto dinheiro como vocês e vejam como podem suprir as necessidade deles, lembrem-se: ele representa Jesus para si. O que fizerem para o próximo estará sendo feitocao próprio Jesus. Se fosse Jesus que estivesse em frente a si você não o faria? Sejamos pois misericordiosos como Jesus também foi conosco.

23.7 Existem 5 formas de ajuntar tesouros no céu

- Ajudar as pessoas necessitadas:

    - Hebreus 13.14-16 - Ajude o seu próximo com o que puder.

CAPÍTULO 23. SOMOS MORDOMOS DE DEUS 174

- Dê ofertas onde você congrega com os outros santos de Deus:
    - Faça um propósito de dar cada vez mais.
    - Pense que está assim depositando na sua conta celestial.

- Dê esmolas aos pobres:
    - Isaías 58.5-9 - Sacrifícios a Deus não é andar de joelhos, sofrer, chorar, ...é repartir o pão com o faminto... Aquele que dá aos pobres, empresta a Deus.
    - Mateus 19.21 - Terá um tesouro no Céu
    - Mateus 6.2-4 - Como dar esmola.

- Dê ofertas de Fé:
    - É dar uma oferta superior ao que pensou, quando o Espírito Santo o impelir para tal.
    - Malaquias 3.10 - O mordomo fiel é dizimista porque o dízimo é mandamento de Deus.

- Colocar ao serviço de Jesus tudo o que você é e possui:
    - É quando Deus nos pede para darmos tudo o que temos a Ele: Marcos 10.17-21 - Jesus queria que o mancebo rico tivesse seu coração inteiro com Jesus. Mas suas riquezas sufocaram sua fé. Sua confiança no futuro estava nas riquezas. Jesus nos mostra aqui como é difícil, por vezes, retirar do coração das pessoas a confiança nas suas riquezas. Não creio que Jesus quisesse que este rapaz vendesse tudo, assim como Deus também não queria que Abraão matasse seu filho. Creio que, se ele tivesse dito que iria vender tudo, Jesus então lhe teria dito que agora Ele sabia onde seu coração estava. E como por causa da fé de Abraão em oferecer seu filho Deus também deu Seu filho Jesus, Assim também neste caso se o jovem tivesse disposto a vender tudo, Jesus lhe teria dado todas as riquezas do Reino de Deus. Jesus queria mostrar àquele rapaz como as suas riquezas o dominavam.

Será que as suas riquezas o dominam, ou você domina as suas riquezas? O dinheiro deve ser seu escravo e não o contrário. Ore para que Deus lhe revele onde está o seu coração e peça a Deus um coração de mordomo e de servo, mesmo que seu dinheiro não possa ser contado. As pessoas ricas têm mais poder financeiro para ajudar os outros e, por isso, mais responsabilidade quando estiverem perante Jesus.

Sempre que Jesus o impulsionar a ajudar não retenha, seja generoso. Não deixe sua mente se opor ao seu coração e o Senhor o abençoará acima do que alguma vez você pediu ou pensou.

Quantas vezes Deus nos pede algo e nós resistimos porque pensamos: agora não pode ser, agora não é hora, ... O Mordomo com fé sabe quando é Deus que lhe está a falar e, quando obediência é seguida de ação, Deus, supre uma necessidade que você talvez nunca venha a saber qual foi. Confie e siga o Espirito Santo em tudo e a sua luz nunca parará de brilhar neste mundo que perece.

CAPÍTULO 23. SOMOS MORDOMOS DE DEUS

Capítulo 24

Santificação

A Santificação nos é adicionada em Cristo, mas a pergunta é quando somos santificados?

1 João 1.8,9 *Se dissermos que não temos pecado, enganamo-nos a nós mesmos, e não há verdade em nós. 9 Se confessarmos os nossos pecados, ele é fiel e justo para nos perdoar os pecados, e nos purificar de toda a injustiça*

A resposta é: quando entendemos que precisamos de Jesus para nos limpar de todo o pecado e injustiça. A Ele foi lhe dado todo o poder nos céus, na terra e debaixo da terra, mas isso não limpa os nossos pecados. O que limpa os nossos pecados, foi o fato de Ele ter cumprido a Lei, se entregando nas mãos de Deus em sacrifício vivo, nos substituindo na condenação para que não fossemos condenados. A nossa santificação começa quando nos arrependemos de nossos pecados perante Ele e, como Ele é Fiel e Justo, Ele nos limpa e não nega a Sua misericórdia a nenhum ser humano.

I Coríntios 1.30 *Mas vós sois dele, em Jesus Cristo, o qual para nós foi feito por Deus sabedoria, e justiça, e santificação, e redenção.*

CAPÍTULO 24. SANTIFICAÇÃO

Esta passagem deveria ser proeminente em nosso andar diário. "Mas vos sois dele em Cristo Jesus, o qual se tornou da parte de Deus sabedoria e justiça, e santificação e redenção. Precisamos da consciência de ambos justiça e sabedoria."Precisamos saber que Ele é a nossa sabedoria agora.

2 Coríntios 5.21 *Aquele que não conheceu pecado, ele o fez pecado por nós, para que, nele fossemos feitos a justiça de Deus.*

Vemos aqui que nós nos tornamos absolutamente justificados pela grande justiça de Deus em Cristo, através do novo nascimento e por sermos participantes da divina natureza. Isto não é filosofia, nem teologia, e um fato. Assim como fome e sede são reais, nossa justiça e nossa posição perante o Pai é definitiva, nítida realidade. Jesus se tornou nossa sabedoria ao mesmo tempo que Ele se tornou nossa justiça. Precisamos desesperadamente de sabedoria para usar nossa justiça e para usar a capacidade que nos foi dada em Cristo.

Efésios 4.7 *Mas a graça foi dada a cada um de nós segundo a medida do dom de Cristo.*

Este fato que tem sido ignorado por muitos crentes. A Graça foi concedida a cada um de nós segundo o dom de Cristo. Graça significa capacidade. Graça significa tudo aquilo que precisamos neste andar terreno. Agora, Jesus se tornou nossa sabedoria.Temos carecido de sabedoria para utilizar nossas habilidades, para tornar em vantagem a nossa posição em Cristo.

1 Coríntios 1.2 *À igreja de Deus que está em Corinto, aos santificados em Cristo Jesus, chamados santos, com todos os que em todo lugar invocam o nome de nosso Senhor Jesus Cristo, Senhor deles e nosso.*

Você é santo porque foi cheio da Justiça de Deus:

Romanos 3.22 *Isto é, a justiça de Deus pela fé em Jesus Cristo* *para todos e sobre todos os que creem; porque não há diferença.*

2 Coríntios 5.21 *Àquele que não conheceu pecado, o fez pecado por nós; para que, nele, fôssemos feitos justiça de Deus.*

A santificação foi uma obra da Graça de Deus. No entanto não poderemos negligenciar o fato que temos de permanecer nos afastando de toda aparência de mal

1 Tessalonicenses 5.22,23 E perseguindo em fazer o bem a todo tempo, para que todo o vosso espírito, e alma, e corpo sejam plenamente conservados irrepreensíveis para a vinda de nosso Senhor Jesus Cristo.

Temos que manter nossa Santificação a todo o custo nossa forma de proceder e agir (corpo), nossos pensamentos (alma), e nosso espírito (intenções de coração) têm que estar sem maldade, nem aparência de malícia.

CAPÍTULO 24. SANTIFICAÇÃO

Capítulo 25

Evangelismo, a Esperança da Glória

O que é Evangelismo? A definição do Evangelista Reinhard Bonnke é a seguinte:

- Amor é o verdadeiro Espírito de Evangelismo. Nós devíamos avisar as pessoas acerca do perigo do inferno como se elas fossem nossos filhos andando à beira de um vulcão. - (Reinhard Bonnke)

Sabemos que Deus investiu muito para nos salvar e Ele espera que estejamos disponíveis para transportar a mensagem do Evangelho.

Uma vez estava eu a pensar sobre este assunto e lembrei-me que houve séculos em que o Evangelho não foi pregado, a chamada idade das trevas. Pensei como se sentiu Deus durante esse tempo, esperando por um Homem disposto a ouvir a Sua voz. Creio que Ele tentou falar com muitas pessoas, mas ninguém lhe deu ouvidos. até Martinho Lutero ter ouvido ?o justo viverá da Fé?. Aí começou um reavivamento. Um avivamento sempre começa quando um Homem ouve a voz de Deus no

CAPÍTULO 25.   EVANGELISMO, A ESPERANÇA DA GLÓRIA

seu íntimo e decide obedecer fielmente a ela.

No entanto, só nos últimos 100 anos, aproximadamente, temos visto um crescimento no Cristianismo à escala mundial. O Evangelismo das massas foi a chama que incendiou o mundo para tal. Estou a lembrar-me de John Wesley, Charles G. Finney, Smith wiglesworth, A.A. Alen, Katherine Kulman, William Branham, Billy Graham, T.L .Osborn entre muitos outros, que foram usados por Deus para trazer ao mundo as verdades de Deus, com demonstrações de poder tremendíssimas.

Nos dias de hoje, temos ainda mais e maiores movimentos Evangelísticos por todo o mundo. Isto diz-me que Deus está a preparar a última ceifa antes que Jesus venha pela segunda vez.

A propósito deste assunto, vou partilhar convosco o que Deus me falou no dia 29 Setembro de 2007 em Dallas, Texas. Eu tinha estado de manhã numa pequena conferência onde o Evangelista Reinhard Bonnke partilhou com os ouvintes a sua experiência neste campo e a sua visão como Evangelista, finalizando o encontro orando por cada um de nós.

Claro está que foi muito inspirador e enriquecedor para todos os presentes. Naquela noite estava eu no meu quarto de hotel e a ler a Bíblia em Apocalipse 14.14-20, que fala da última ceifa. No capítulo seguinte, vem a ira de Deus sobre este mundo. Mas, quando acabei de ler o versículo 20 do capítulo 14, Deus falou-me que a última investida da Igreja iria ser muito rápida e que milhões de pessoas iriam entrar no Reino de uma forma nunca vista antes. Eu sei que hoje em dia milhões de almas já têm vindo a Jesus por ano em alguns países, mas o que Deus me mostrou é que seria à escala mundial. Será isto o que a Bíblia chama de a Glória da Segunda Casa?

Deus ainda não acabou o seu plano, Ele ainda tem algo para fazer que é cobrir este globo terrestre com a Sua Palavra e ninguém vai impedí-lo.

CAPÍTULO 25. EVANGELISMO, A ESPERANÇA DA GLÓRIA

Creio ser de extrema importância que todos os crentes se posicionem para tornar o que Deus profetizou em realidade.

Acredito que vivemos num tempo em que não precisamos de mais profecias, precisamos sim de cumprí-las enquanto ainda vivemos neste mundo.

Aquela passagem que eu estava a ler no quarto do hotel, dizia que o próprio Jesus viria com uma foice para ceifar. Neste último movimento da Igreja de Cristo vamos ver literalmente o Espírito de Deus a trazer convicção e arrependimento, curas, sinais e prodígios que o mundo jamais viu ou experimentou.

Em uma escala jamais vista, o Evangelismo vai crescer à escala mundial e vai se ouvir de Jesus em todo o canto desta terra.

Esse amor por alcançar as almas vai ser uma nota dominante na última sinfonia de Deus neste mundo.

Assim como num corpo de combatentes existe uma unidade especializada em fazer a primeira intervenção, o Evangelismo servirá para intervirmos neste mundo caótico, doente e em autodestruição.

Cada cristão tem de se posicionar para fazer a obra de um Evangelista antes que o anticristo se manifeste.

Por que será que Paulo falou a Timóteo para cumprir a obra de um Evangelista? Por incrível que pareça, lembro-me do impacto que estas palavras tiveram quando as li pela primeira vez, porque elas estavam cheias de propósito.

Que pena será para aqueles que não ouvirem estas palavras do Evangelho:

Mateus 13.15 *Porque o coração deste povo está endurecido, E ouviram de mau grado com seus ouvidos, E fecharam seus olhos; Para que não vejam com os olhos, E ouçam com os ouvidos, E compreendam*

CAPÍTULO 25. EVANGELISMO, A ESPERANÇA DA GLÓRIA

com o coração, E se convertam, E eu os cure.

Creio do fundo do meu coração que Deus irá realmente virar todas as tendências e o nome de Jesus será o nome mais falado neste mundo.

O tempo é curto e é necessário fazer todos os possíveis para levar este Evangelho às pessoas que ainda não o conhecem. Paulo tem uma frase que gosto muito para exemplificar esta questão:

1 Coríntios 9.22 *Fiz-me tudo para todos, para POR TODOS OS MEIOS CHEGAR A SALVAR ALGUNS.*

Assim como Deus me mostrou, todos os meios disponíveis Deus vai usar para transportar o evangelho.

1 Pedro 2.9 *Mas vós sois a geração eleita, o sacerdócio real, a nação santa, o povo adquirido, PARA QUE ANUNCIEIS AS VIRTUDES daquele que vos chamou das trevas para a sua maravilhosa luz;*

Nós somos de facto a resposta às perguntas que o Espírito Santo fez a Paulo:

Romanos 10.14-15 *Como, pois, invocarão aquele em quem não creram? e como crerão naquele de quem não ouviram? e como ouvirão, se não há quem pregue? 15 E como pregarão, se não forem enviados?*

Naquela noite em Dallas Deus me disse duas coisas que nunca mais poderei esquecer:

1º EXISTEM PESSOAS QUE NUNCA VÃO ENTRAR NUMA IGREJA, a não ser que a Igreja vá ao encontro delas.

2º Se não pregarem ao mundo, não só estes não entrarão no meu Reino como a geração da TUA DESCENDÊNCIA TERÁ UMA VIDA MAIS TRIBULADA.

Foi naquela noite que em meu coração me determinei em apregoar

CAPÍTULO 25. EVANGELISMO, A ESPERANÇA DA GLÓRIA

estas verdades para o mundo lá fora, fora das quatro paredes da Igreja.

Ao analisarmos os evangelhos com cuidado vimos que Jesus pregava de cidade em cidade, nas ruas, nas casas, até mesmo na Igreja primitiva o Evangelho não era pregado em templos, mas sim de casa em casa e publicamente. (Atos 20.20)

Graças a Deus que temos templos, mas não podemos ficar à espera que os perdidos entrem sem que os avisemos que o juízo está para vir e que só Jesus os pode livrar.

Onde existem pessoas com o coração partido, com vidas destruídas, com doenças físicas e mentais que as afligem, é lá que este Evangelho tem de ser levado. Porque o Evangelho é o Poder de Deus para a Salvação de todo aquele que crer. Nesta última hora devemos lembrar disto:

- Dar menos que o teu melhor é sacrificar esse dom. - (Steve Prefontaine)

Temos o dever de dar o nosso melhor, porque Deus deu o que tinha de melhor, e está à espera que a luz raie onde as trevas estão. Por mais pequenina que a luz seja, ela sempre afasta as trevas. Salvação só virá a este mundo pelo Evangelho. É tempo de ir e fazer o Evangelho acontecer!

Mateus 10.7,8 *E, indo, pregai, dizendo:* É CHEGADO O REINO DOS CÉUS 8 CURAI OS ENFERMOS, LIMPAI OS LEPROSOS, RESSUSCITAI OS MORTOS, EXPULSAI OS DEMÔNIOS; DE GRAÇA RECEBESTES, DE GRAÇA DAI.

Caso queira contatar o autor, poderá fazê-lo através do email:

books.cbf@gmail.com

www.ingramcontent.com/pod-product-compliance
Lightning Source LLC
Chambersburg PA
CBHW031641040426
42453CB00006B/175